자신의 기억력이 유난히 나쁘다고 생각하는 사람들이 있다.
그러나 뭔가를 기억하는 능력은 누구나 비슷하다.
기억력을 어떻게 사용하는지에 따라 각자의 능력이 달라질 뿐이다.

웃음은 스트레스를 풀어주는 훌륭한 수단이다.
또한 기억을 남기는 데도 좋은 효과가 있는 것으로 밝혀졌다.
진정한 웃음은 기분을 좋게 하고 그로 인한 긍정적 느낌은
그 순간 경험했던 것들을 더 오래 기억하게 한다.

정보를 머릿속에 이미지로 저장하면 정보에 대한 이해력도 향상된다.
뇌과학자 존 메디나는 "정보를 들으면 사흘 후에 10%만 기억하지만
여기에 그림을 보태면 65%를 기억한다"고 말했다.

깜빡깜빡하는 사람들을 위한 기억 훈련법

40일 만에
기억력 천재가 된다

깜빡깜빡하는 사람들을 위한 기억 훈련법

40일 만에
기억력 천재가 된다

펴낸날 2019년 3월 20일 1판 1쇄

지은이 Dr Gareth Moore (개러스 무어)
옮긴이 윤동준
펴낸이 김영선
교정·교열 이교숙, 남은영
경영지원 최은정
디자인 현애정
마케팅 신용천

펴낸곳 (주)다빈치하우스-미디어숲
주소 경기도 고양시 일산서구 고양대로632번길 60, 207호
전화 (02)323-7234
팩스 (02)323-0253
홈페이지 www.mfbook.co.kr
이메일 dhhard@naver.com (원고투고)
출판등록번호 제2-2767호

값 14,000원
ISBN 979-11-5874-046-7

이 도서의 국립중앙도서관 출판예정도서목록(CIP)은 서지정보유통지원시스템 홈페이지(http://seoji.nl.go.kr)와
국가자료공동목록시스템(http://www.nl.go.kr/kolisnet)에서 이용하실 수 있습니다.(CIP2019004987)

Dr Gareth Moore 지음

윤동준 옮김

깜빡깜빡하는 사람들을 위한 기억 훈련법

40일 만에
기억력 천재가 된다

미디어숲

차례

MEMORY
COACH

시작하며

'40일 만에 기억력 천재되기'에 도전하는 것을 진심으로 축하한다. 당연히 '가능할까?' 의구심이 생기겠지만 이 책에서 제시하는 대로 하루하루 두어 개의 연습문제를 풀기만 해도 40일 만에 기억력 천재가 될 수 있다.

기억은 우리 존재를 이루는 중요한 부분이다. 기억력이 없다면 내가 누구인지, 어디서 왔는지, 어디로 가는지도 알 수 없다. 과거를 기억할 수도, 미래를 계획할 수도 없고 일관된 생각을 유지할 수도 없다. 이렇듯 기억력은 존재의 본질이라고 할 수 있는데, 우리는 왜 관심을 갖지 않을까?

기억력을 잘 사용하는 법을 배우면 삶이 풍요로워진다. 이 책에 나와 있는 일일 프로그램을 통해 단계적으로 쉽게 배울 수 있다. 일일 프로그램은 앞서 출간된 많은 책에서 검증된 방법들과 최신 연구 결과를 더해서 만든 쉽고 간단한 것들이다. 일일 프로그램이 어떻게 남은 평생에 커다란 변화를 불러일으킬지를 보여 줄 것이다.

이 책에는 특별히 고안된 기억력 게임들이 포함되어 있다. 그래서 여러 가지 기억법들을 배우는 것과 동시에 즉시 시험해 볼 수 있다. 물론 이 책에 나온 40일 동안의 프로그램들을 꼭 연달아서 이어갈 필요는 없다. 각 개인의 사정에 따라 맞추면 된다. 실제로 뒷부분에 나와 있는 연습문제 중 일부는 끝마치는 데 하루 이상 걸릴 수도 있다.

이 책의 주요 부분을 익히고 나면 마지막에 기억력 연습문제를 추가해 두었으니 최종 점검을 하기 바란다. 40일간 재미있게 놀다 보면 누구든 기억력 천재로 거듭날 수 있다.

기억하는 법 배우기

+ 기억력은 사용하는 것만으로도 좋아진다.
+ 요즘은 모두가 의식적으로 뭔가를 기억하려 하지 않는다.
+ 사람은 비슷한 장기 기억력을 가지고 있다.

뭐라고?

자신의 기억력이 유난히 나쁘다고 생각하는 사람들이 있다. 그러나 뭔가를 기억하는 능력은 누구나 비슷하다. 기억력을 어떻게 사용하는지에 따라 각자의 능력이 달라질 뿐이다. 만약 의식적으로 기억력을 사용하지 않는다면 타고난 능력을 발휘하지 않는 것이다.

왜?

세계 인구의 대부분이 글을 쓸 줄 몰랐던 시절에는 모든 것을 기억해야만 했다. 가족의 역사에서 생일, 나이, 사연 등에 이르기까지. 이제는 이런 일을 스마트폰, 일기, 또는 이와 비슷한 역할을 하는 기기들에 맡긴다. 그러다 보니 기억력을 사용하는 데 훨씬 게을러졌다.

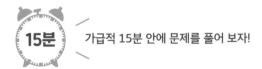

15분 가급적 15분 안에 문제를 풀어 보자!

아래의 간단한 기억 훈련을 연습해 본다. 나중에 같은 문제를 통해서 기억력이 얼마나 개선되었는지를 확인해 볼 것이다.

일단 아래 그림들을 기억한다.

자, 이제 위 그림을 가린 후 아래에서 그려진 순서대로 아래에서 같은 그림을 찾아 번호를 매길 수 있는지를 확인해 본다. 위 그림에서 윗줄 첫 번째는 1, 두 번째는 2를 붙이고, 아랫줄 마지막 그림에는 6까지 머릿속으로 번호를 매겨 본다.

다시 같은 연습을 해본다. 하지만 이번에는 단어. 아래 단어들을 외우고 준비가 되면 이를 가린다. 그리고 다음 내용으로 넘어가자.

▶ 우주

▶ 전기

▶ 시간

▶ 상상력

▶ 물리학

▶ 기원

....

아래 단어들에 번호를 매기기 전에 위 단어들을 가린다. 위에 적힌 순서대로 1부터 6까지 번호를 붙여보자.

▶ 물리학

▶ 시간

▶ 전기

▶ 상상력

▶ 우주

▶ 기원

 **연습**

각 그림이 단어와 연결되어 있다. 그림과 단어를 잘 살펴보고 각각의 연결을 기억할 수 있는지를 알아본다. 준비가 되면 아래 그림을 가리고 다음으로 넘어가서 각 그림에 연결된 해당 단어를 적을 수 있는지 확인해 본다. 단어들은 주어진다.

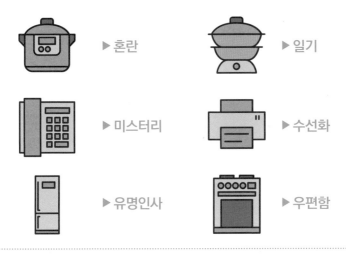

▶ 혼란　　　▶ 일기

▶ 미스터리　　　▶ 수선화

▶ 유명인사　　　▶ 우편함

먼저 위 그림을 가린 후 아래 단어들을 해당 그림에 연결 지어 보자.

▶ 유명인사　　▶ 혼란　　▶ 수선화　　▶ 일기

▶ 우편함　　▶ 미스터리

DAY 2

단기 기억

+ 단기 기억은 5~7개 항목으로 제한된다.
+ 단기 기억은 15~30초 동안 유지된다.
+ 분류 기법을 사용하면 더 많이 기억할 수 있다.

뭐라고?

단기 기억은 머릿속에 일시적으로 들어온 정보를 말한다. 장기 기억으로 옮겨 놓지 않으면 곧바로 잊어버린다. 예를 들어 누군가 이메일 주소를 알려줬는데 이를 20초 뒤에 잊어버린다면 이는 단기 기억에 저장되었기 때문이다.

왜?

그렇다면 단기 기억은 왜 필요할까? 단기 기억이 없다면 이 책을 읽을 수 없다. 앞 문장을 기억해야 다음 문장을 이해할 수 있기 때문이다. 한편 이 책의 뒷장을 읽을 때쯤이면 앞에서 읽은 내용은 다 까먹었을 것이다. 단기 기억은 잠깐 들어왔다 나가는 정보이기 때문이다. 언뜻 잊어버리는 것이 매우 부질없어 보이지만 만약 잊어버릴 수 없다면 뇌는 금방 쓸모없는 정보로 가득 찰 것이다. 단기 기억은 버림으로써 쓸데없는 정보로 뇌가 압도되는 것을 막는다. 그래서 대부분의 단기 기억은 결코 저절로 장기 기억으로 옮겨지지 않는다.

 가급적 10분 안에 문제를 풀어 보자!

아래 번호 목록을 모두 천천히 읽는다. 하지만 의식적으로 암기하려고 노력하지 않는다. 그리고 마지막 숫자를 읽는 즉시 재빨리 같은 순서대로 적어 본다. 절대 다시 숫자를 보지 말고.

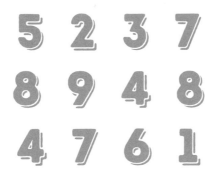

이제 어떻게 적었는지 그림을 보며 확인한다. 순서대로 몇 개 정도 기억했는가?

 연습   2일: 도전 과제 2

아래 스마일리 페이스(smiley face, 만화식의 웃는 얼굴 그림)로 비슷한 연습을 해 본다. 특별히 기억하려고 애쓰지 않고 순서대로 각 얼굴을 살펴본다. 그런 다음 책을 뒤집어놓고 종이 한 장에 다시 그려 보자.

당신의 단기 기억 크기는?

대개는 5~6개의 숫자를 기억한다. 그 이하라도 상관없다. 이 책을 충실히 따라가면 지금의 기억 능력과 상관없이 커다란 발전을 이룰 수 있다. 하지만 그 이상을 기억한 사람이라도 같은 수의 스마일리 페이스를 기억하는 데는 어려움을 겪는다.

몇 개를 기억했는지가 자신의 단기 기억 크기다. 앞으로 지금보다 더 효율적인 단기 기억 사용법을 배울 것이다. 단기 기억 능력을 효과적으로 사용하면 간단하게 더 많은 정보를 암기할 수 있다. 그러나 단기 기억으로 암기할 수 있는 수를 무한대로 증가시킬 수는 없다. 30초보다 훨씬 오래 기억할 수 있는 장기 기억이 무제한의 저장 공간을 가지고 있는 것과는 대조적이다.

아마도 앞쪽 상단의 도전 과제에서 각 숫자를 하나의 항목으로 생각했을 것이다. 그러나 스마일리 페이스는 더 복잡하다. 예를 들어, 아랫줄의 얼굴 중 하나는 '혀를 내밀고 왼쪽 눈을 감은'이라고 기억한다. 만약 이렇게 기억했다면 단기 기억 능력 중 두 개의 '칸'을 사용한 셈이다. 숫자보다 얼굴을 같은 개수만큼 암기하기 어려운 이유다. 암기할 수 있는 하나의 '칸' 속에 복수의 생각을 결합하는 것이 이 책 전체를 통해 다루는 기억법 가운데 중요한 핵심이다.

복합 감각

우리는 시각, 청각, 촉각 등 각각의 감각에 대해 서로 다른 단기 기억력을 가지고 있다. 그래서 냄새를 맡았던 어떤 것, 눈으로 본 몇몇 장면들, 그리고 기억하려고 노력했던 몇 가지 사실들을 잠시 기억할 수 있다. 이것들은 단기 기억에서 곧 사라진다. 이전 페이지에 있는 얼굴과 숫자를 동시에 살펴보려고 하면 불행히도 잘 안 된다. 숫자와 얼굴 둘 다를 자신에게 말로 표현하려 들기 때문이다. 오감을 활용해야 한다.

아래 두 번째 숫자 목록을 천천히 읽어 본다. 마찬가지로 특별히 암기하려고 애쓰지 않는다. 하지만 이번에는 묶어서 분류한다. 예를 들어 처음 두 숫자를 '1'과 '5'가 아니라 '15'로 묶어서 읽는다. 그런 다음 다시 보지 않고 몇 개를 적을 수 있는지 알아보자.

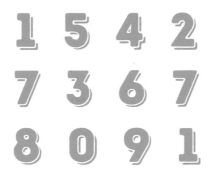

이제 숫자를 보면서 어떤 결과가 나왔는지 확인한다. 하나라도 더 많은 숫자를 기억하는 데 도움이 됐는가? 그렇지 않았더라도 걱정할 필요는 없다. 이는 훈련이 필요한 기법이다. 그리고 아무리 노력해도 '42' 같은 여러 자리 숫자를 하나의 '칸'에 집어넣지 못할 때도 있다.

단기 기억 사용하기

우리는 단기 기억을 사용해 머릿속에 생각을 담아 둔다. 대화나 토론에 참여하거나 다음에 무엇을 하고 싶은지를 생각할 때 단기 기억이 중요하다. 그러나 순간적인 생각과 기억을 제외한 다른 모든 것들은 단기 기억에서 장기 기억으로 옮겨야 한다. 앞으로 이 책의 대부분은 단기 기억을 장기 기억으로 바꾸는 데 집중할 것이다.

DAY 3 장기 기억

+ 장기 기억은 1분 이상 지속된다.
+ 기억이 얼마나 오래갈지 한계는 없다.
+ 대부분의 장기 기억은 시간이 흐르면서 희미해진다.

뭐라고?

지금 이 순간을 넘어서 계속 기억하고 싶은 모든 것은 장기 기억으로 옮겨야 한다. 무언가를 '기억'하고 싶다면, 일단 목표는 그것을 장기 기억으로 옮기는 것이다. 이 기억들은 뇌의 변화를 통해 저장된다.

왜?

만약 어제 무엇을 했는지 혹은 몇 분 전 일이 전혀 기억나지 않는다면 정상적으로 살아갈 수 있을까? 우리는 기억을 통해 자신이 누구인지 알 수 있다. 기억이 전혀 없다면 우리는 공허한 껍데기가 되고 만다. 장기 기억들은 의식적인 노력 없이 일생을 거쳐 자연스럽게 축적되기도 하지만 특정 지식과 같은 일부 기억들을 오래 저장하려면 상당히 많은 노력을 기울여야 한다.

 가급적 12분 안에 문제를 풀어 보자!

우리는 무엇을 기억하는가?

우리는 모든 종류의 것들을 기억한다. 어디에 있었는지, 무엇을 먹었는지, 오늘 어제 그리고 심지어 지난주에 누구와 있었는지도 기억한다. 사건이 비정상적일수록 기억할 가능성이 더 크다.

우리는 냄새, 광경, 심지어 촉각까지도 기억한다. 또한 삶의 중요한 순간에 느꼈던 감정들을 기억한다.

기억은 처음에는 뇌의 화학적 변화를 통해 저장된다. 그리고 이후에는 더욱 실질적인 신체적 변화로 기억된다. 삶의 순간들에 대한 작고 구체적인 사실들을 담아낸다. 기억들은 서로 관련지어져 남는다. 예를 들어 장미에 대한 기억은 향기, 색깔, 장소, 거기에 더해 사람, 사건 등등을 떠올리게 한다. 기억은 다른 기억들과 연결될수록 기억하기가 더 쉬워진다. 어떤 생각이나 경험이 과거의 기억을 살짝 건드리기만 해도 썰물처럼 옛일들이 떠오르는 이유다. 마찬가지로, 개인적인 기억은 매우 구체적이어서 하나의 단일 기억이 종종 관련된 전체 기억으로 연결되기도 한다.

거듭 떠올려서 강화하지 않는 한 대부분의 기억은 시간이 지날수록 희미해진다. 이것이 과거 학창 시절 열심히 공부했던 교과과목에 대한 거의 모든 지식을 잊어버리는 이유다. 학교를 떠난 이후에는 그 과목들을 다시 배우거나 해당 지식을 사용하지 않기 때문이다.

기억은 또한 시간이 흘러가면서 변한다. 기억 속의 실제 사건은 나중에 듣거나 본 것들이 덧칠해져 거짓 기억들과 섞인다. 대체로 기억은 생각보다 훨씬 더 부정확하다.

 **연습**

장기 기억은 어떤 사실을 단순히 아는 것과는 다르다. 훨씬 많은 것들과 관련이 있다. 하지만 오래 기억하고 싶은 정보를 의도적으로 암기하려 할 때 이를 가능하게 하는 것이 장기 기억이다. 다음 과제를 통해 현재 나의 장기 기억력을 테스트해 보자.

아래는 매년 영국연방 국가에서 영어로 쓰인 소설 가운데 가장 뛰어난 작품에 주는 맨부커상 수상자 명단 목록이다. 목록을 살펴본 다음 이를 가리고 저자의 이름만 주어졌을 때 책 제목을 몇 개나 기억할 수 있는지 알아보자.

▶ 1980년: 『통과제의』, 윌리엄 골딩
▶ 1981년: 『한밤의 아이들』, 살만 루시디
▶ 1982년: 『쉰들러 리스트』, 토마스 케닐리
▶ 1983년: 『마이클 K』, 존 맥스웰 쿠체
▶ 1984년: 『호텔 뒤락』, 애니타 브루크너

이제 아래 빈칸을 채워 보자.

▶ 1980년: _____ 윌리엄 골딩
▶ 1981년: _____ 살만 루시디
▶ 1982년: _____ 토마스 케닐리
▶ 1983년: _____ 존 맥스웰 쿠체
▶ 1984년: _____ 애니타 브루크너

1일 차 도전 과제 내용을 기억하는가? 아마도 대부분 기억하지 못할 것이다. 많은 시간을 들여 노력하지 않으면, 뇌는 그 정보를 오랫동안 보존할 가치가 없다고 평가하기 때문에 특별히 기억하지 않는다.

하나라도 기억해 낼 수 있는지 아래 과제에 도전해 보자.

▶ 원래 이 그림들의 순서가 어떻게 됐는가?

▶ 원래 이 단어들의 순서가 어떻게 됐는가?

물리학, 시간, 전기, 상상력, 우주, 기원

▶ 아래 단어들이 어떤 이미지와 연결됐는가?

유명인사, 혼란, 수선화, 일기, 우편함, 미스터리

DAY 4

절차 기억

+ 일부 장기 기억은 오랜 숙련을 통해 몸이 먼저 기억한다.
+ 반복된 신체 행위는 시간이 지날수록 조그만 집중력으로도 가능해진다.
+ 자전거 타는 법 같은 무의식적으로 떠올리는 기억을 '절차 기억'이라
  부른다.

뭐라고?

걷기, 자전거 타기, 수영 그리고 자동차 운전하기 같은 행위를 처음 배울 때는
상당한 집중력이 필요하다. 하지만 계속 반복할수록 요구되는 집중력의 크기
는 작아진다. 절차 기억이 의식적으로 주의를 집중하지 않아도 이런 행위를 반
복할 수 있게 해주기 때문이다. 예를 들면, 피아니스트는 일생을 통해 연주 실
력이 나아진다. 이처럼 시간이 흘러가면서 절차 기억은 더 개선될 수 있다.

왜?

만약 날마다 반복하는 일상적인 행동에도 상당한 주의를 기울이고 신경을 써
야 한다면 우리는 많은 것들을 포기해야 할 것이다. 대신 우리 뇌는 반복적인
행동을 자동화하는 능력이 있다. 만약 이 능력이 없다면 어떤 일이든 능숙해지
기까지 많은 어려움을 겪을 것이다. 기본적인 행위를 하는 데만도 많은 집중력
을 소비해야 하기 때문이다.

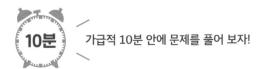 가급적 10분 안에 문제를 풀어 보자!

 **연습**

절차 기억을 시험해 볼 수 있는 다양한 행위가 있다. 하지만 그 특성상 하루 만에 완성할 수 있는 도전 과제는 없다.

그래도 아래 분야에 이미 익숙한 경우가 아니라면 절차 기억의 강력한 효과를 입증하기 위해 다음 중 하나를 배워 보자.

▶ 저글링, 날마다 일주일을 연습하면 공 세 개로 안정적인 저글링을 할 수 있다.

▶ 카드 한 벌을 절반씩 합쳐가며 자유롭게 섞을 수 있다.

▶ 유리컵을 화려하게 회전시키는 칵테일 바텐더의 동작을 배울 수 있다.

▶ 기타의 기본 코드를 연주할 수 있다.

▶ 간단하고 교묘하게 한 손 마술을 공연할 수 있다.

▶ 주로 사용하지 않는 손으로 글쓰기나 그림 그리기를 배울 수 있다.

▶ 자전거 타기를 배울 수 있다.

▶ 수영하기 또는 새로운 영법을 배울 수 있다.

▶ 농구 골대에 좀 더 정확하게 슛을 할 수 있다.

▶ 두 손의 모든 손가락을 이용해서 타이핑을 할 수 있다.

▶ 기본적인 캘리그라피를 위한 펜 기법을 배울 수 있다.

일단 오른쪽 페이지를 가린다. 그런 다음 기억력을 시험하기 위해 아래 꽃들의 배열을 잘 살펴본다.

이 꽃들을 살펴보는 데 1분 이상 쓰지 않는다. 그런 다음 꽃들을 가리고 오른쪽 페이지로 넘어가자.

왼쪽 페이지의 꽃 그림을 잘 가렸는지 확인한다. 아래 배열은 다르지만 왼쪽 페이지와 똑같은 모양의 꽃들이 섞여 있다. 시작할 준비가 되면 책을 거꾸로 돌려 왼쪽 페이지와 같은 방향이 되게 한다. 이제 왼쪽 페이지에서 보지 못했던 꽃들에 원을 그려 보자.

일상적으로
기억하기

+ 기억을 향상시키려면 더 많이 기억해야 한다.
+ 습관적으로 적어 놓던 것을 이제부터는 암기하려고 한다.
+ 이후에도 여전히 기억에 남아 있는지를 확인한다.

뭐라고?

대개는 직장에서 승진 시험을 앞두고 있거나 학창 시절 시험 기간이 아니라면 무언가를 암기하려는 노력을 거의 하지 않는다. 의식적으로 무언가를 암기하거나 기억에 남기는 방법을 깊이 이해하지 못하는 이유다.

왜?

특정 시험을 보기 위해 공부할 때만이 아니라 일상적으로 암기하는 연습을 많이 할수록 기억력이 좋아진다. 다른 기술과 마찬가지다. 이 책에 나온 기법들을 처음 시도할 때는 상당히 의식적으로 노력해야 하지만 반복할수록 습관이 된다.

15분 가급적 15분 안에 문제를 풀어 보자!

자주 기억할수록 기억력이 좋아진다

쇼핑하러 가기 전에 무엇을 살지 목록을 암기해 보자. 꼭 적어야 한다면 메모에 의존하지 말고 쇼핑을 끝낸 다음 확인용으로만 사용한다.

반드시 암기해야 할 사항도 있다. 은행 핀번호나 계좌 비밀번호 같은 것들이다. 이런 중요한 정보들을 암기할 때 처음에는 전체가 아니라 일부는 기억하고 일부는 메모해 놓는 식으로 암기하면 수월하게 시작할 수 있다. 예를 들어, 메모해 놓은 부분과 연결되는 특이한 문자 순서(예: 'PZRG' 또는 그런 것)를 암기할 수 있다. 이렇게 하면 비록 누군가 비밀번호를 적은 목록에 접근하더라도 부정하게 사용될 위험을 줄일 수 있다.

비상 연락처 기억하기

친구와 가족의 전화번호를 암기하는 대신 휴대전화, 메모 또는 컴퓨터에 의존하는가? 꼭 필요한 전화번호는 기억하고 있는가? 전화번호가 입력된 휴대폰이 없어서 곤란한 적이 있었는가? 그런 경험이 없다고 하더라도 필요한 전화번호를 암기하려는 노력이 필요하다.

또한 자신의 삶에 중요한 사람들의 이메일 주소, 우편 주소, 생일 그리고 그밖의 더 많은 사항을 기억하고 싶을 것이다. 언제든 유용하게 쓰일 수 있으며 이는 기억력을 연습하는 데도 도움이 된다.

기억력은 한순간의 노력으로 완성되지 않는다. 만약 전화번호 몇 개를 외웠다면 나중에 스스로 다시 시험해야 한다. 하루가 지난 후 성공적으로 모두 적을 수 있겠는가? 다음 주나 다음 달에도 가능하겠는가? 정기적으로 떠올려보고 다시 암기하는 행위는 기억을 확고하게 하는 데 도움이 된다.

아래 핀번호를 잘 외울 수 있는지 알아보자.

2~3분간 다음 번호들을 외운다. 그런 다음 아래 질문에 대답해 보자.

은행: 1983

체육관: 7382

사무실: 4810

금고: 2284

··

2~3분이 지났다면 위 그림을 덮고 아래 빈칸에 적절한 번호를 적어 넣는다.

▶ 사무실: ___ ___ ___ ___   ▶ 은행: ___ ___ ___ ___

▶ 금고: ___ ___ ___ ___   ▶ 체육관: ___ ___ ___ ___

아래 일련의 비밀번호가 있다. 잘 살펴보고 어떤 계정의 비밀번호인지 기억한다. 준비가 되면 다음으로 넘어가자.

이메일: letmeinplease

사진: monkeylogin

은행: qwerty123

일정: dragon

해야 할 일들: qazwsx

게임: admin123456

위 계정과 비밀번호를 가린 다음 몇 개의 비밀번호를 떠올릴 수 있는지 알아보자.

▶은행 : _____　　　▶일정 : _____

▶해야 할 일들 : _____　　　▶게임 : _____

▶사진 : _____　　　▶이메일 : _____

DAY 6

생각의 흐름 따라가기

+ 기억력과 이해력은 서로 연관되어 있다.
+ 생각의 흐름을 잘 따라가는 것이 중요하다.
+ 말하고 싶은 것이나 생각한 것을 잊지 않는다.

뭐라고?

대화 중에 무언가 말하고 싶은 것이 떠올랐지만 무례하게 중간에 끼어들 수 없어 때를 기다리는 동안 그만 할 말을 잊어버린 경험이 한 번쯤 있을 것이다. 대화의 틈이 생겼지만 번뜩였던 생각은 이미 사라지고, 말하고 싶었던 것이 무엇이었는지 전혀 기억나지 않는다. 혹은 외출 중이거나 비슷한 상황에서 기발한 아이디어가 떠올랐으나 나중에 그게 무엇이었는지 전혀 떠올릴 수 없을 때도 있다.

왜?

모든 사람은 때때로 생각의 흐름을 잊는다. 특히 주의력이 흐트러질 때 그런 일이 생긴다. 무언가를 확실하게 기억하려면 어떻게 해야 할까? 무언가를 잊지 않기를 바란다면 그 생각을 잊을 가능성이 적은 익숙한 것과 연결하는 것이 중요하다. 그러면 그 생각을 다시 떠올릴 수 있는 연결 고리가 생긴다. 또한 그 방법을 통해 더 집중할 수 있고 기억을 강화할 수 있다.

 15분 가급적 15분 안에 문제를 풀어 보자!

집중해서 생각하기

대화할 때를 포함하여 생각의 흐름을 잊지 않기 위해서는 지금까지 무엇을 생각하고 있었는지, 혹은 무슨 말을 했는지에 주의를 기울이고 기억해야 한다. 이런 식으로 기억력은 기본적인 지능과 밀접하게 연관되어 있는데, 생각의 흐름을 자꾸 놓치는 사람들은 복잡하고 상호 관련된 사고를 하는 데 어려움을 겪는다.

생각의 흐름을 잊지 않기 위해서는 명심해야 할 핵심 사항들이 있다.

1. 집중한다. 산만해지지 않고 주의를 기울이려고 노력한다.
2. 기억하고 싶은 사항을 반복한다. 가장 좋은 방법은 다른 방식으로 표현해 보는 것이다.
3. 잘 잊지 않는 것과 기억하고 싶은 것을 연결하는 방법을 찾는다.

각각의 요점들을 나중에 좀 더 자세히 살펴보겠지만, 기본적으로 자신의 뇌에 위 요점들이 중요하다는 사실을 각인시킨다. 나중에 더 쉽게 다시 떠올리기 위해서는 구체적으로 생각하는 것이 중요하다.

대화할 때 위 세 가지를 사용하기가 어려울 수 있다. 무언가를 잊지 않기 위해 집중하는 동안 오히려 대화의 일부를 놓칠 수 있기 때문이다. 하지만 약간만 연습하면 오래지 않아 생각의 흐름을 놓치지 않는 능력이 나아진다.

이 능력이 조금만 나아져도 살아가는 데 커다란 도움이 된다. 게다가 이를 통해 대화의 포인트를 기억하지 못했을 때 생기는 스트레스를 줄이고 더 자유롭게 대화할 수 있다.

우선 이 페이지의 아래 반쪽을 가린다. 그다음 주의를 기울여 아래 표에 있는
도형의 배열을 기억한다. 준비되면 다음으로 넘어가자.

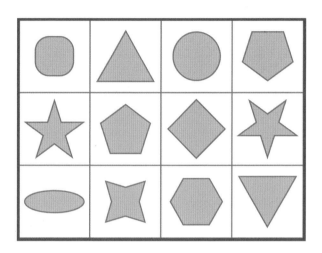

위쪽에 있는 도형을 가린다. 아래 표에는 위와 동일한 도형이 일부 있다. 하지
만 나머지는 비어 있다. 빠진 도형을 정확한 공간에 맞춰 집어넣을 수 있는가?

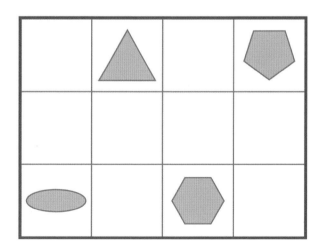

다음은 영국 웨일스 지역에 위치한 마을 이름이다. 이를 살펴보고 나열된 순서 (무작위)를 기억한다. 그런 다음 순서를 기억했다고 확신하면, 다음으로 넘어가 서 아래 목록을 가리고 정확한 순서에 따라 번호를 적을 수 있는지 확인해 보자.

▶ 1: 카디프   ▶ 6: 애버리스트위스

▶ 2: 뉴포트   ▶ 7: 레크섬

▶ 3: 할렉   ▶ 8: 카디건

▶ 4: 텐비   ▶ 9: 에버게이브니

▶ 5: 스완지   ▶ 10: 케어필리

위 목록을 덮고 아래 적힌 마을들에 원래 순서에 따른 번호를 붙인다. 아래에 는 위와 다른 순서로 마을 이름이 적혀 있다.

▶ _____ : 카디건   ▶ _____ : 에버리스트위스

▶ _____ : 텐비   ▶ _____ : 할렉

▶ _____ : 레크섬   ▶ _____ : 카디프

▶ _____ : 에버게이브니 ▶ _____ : 스완지

▶ _____ : 케어필리   ▶ _____ : 뉴포트

DAY 7

기억과
감정

+ 뇌는 자신에게 중요한 것을 기억한다.
+ 감정이 고조되면 특히 기억에 남는다.
+ 웃음으로 긍정적인 감정을 끌어낼 수 있다.

뭐라고?

끔찍한 재앙이나 무척 화가 나는 뉴스 또는 엄청난 비극을 처음 들었을 때 자신이 어디서 무엇을 하고 있었는지 기억하는가? 감정이 고양된 순간이라 그 장면은 영원히 기억 속에 각인된다.

왜?

자신에게 크게 의미 있는 일이 일어날 때 뇌는 주의를 기울인다. 감정이 강렬한 순간은 특별히 기억을 강하게 남겨 지속시킨다. 다행히도 이런 효과를 가진 것은 재난 상황뿐만이 아니다. 좋은 소식도 이런 효과를 가질 수 있다. 예를 들어 인간이 달에 처음으로 착륙했을 때 나이가 꽤 많은 사람들은 그때 어디에 있었는지 기억할 확률이 높다. 좋은 소식뿐만 아니라 재미있는 장면도 머릿속에 각인될 수 있다.

 18분 가급적 18분 안에 문제를 풀어 보자!

재미있는 상상으로 오래 기억하기

웃음은 스트레스를 풀어주는 훌륭한 수단이다. 또한 기억을 남기는 데도 좋은 효과가 있는 것으로 밝혀졌다. 진정한 웃음은 기분을 좋게 하고 그로 인한 긍정적 느낌은 그 순간 경험했던 것들을 더 오래 기억하게 한다.

인생의 모든 순간이 큰 웃음이 터질 만큼 재미있는 것은 아니지만 유머를 사용해 사물을 오래 기억할 수 있다. 지루한 순간에 유머를 찾는 행위가 주의를 기울이는 데 도움을 주고, 또 그 순간을 기억하게 만드는 중요한 핵심 요건이다. 이런 효과 외에도 유머는 뭔가 더 흥미로운 것을 만드는 데 도움이 되고, 흥미로운 것들은 본질적으로 더 오래 기억에 남는다.

쇼핑 목록이나 일상에 필요한 항목들을 기억하려고 할 때, 우스꽝스러운(따라서 유머러스한) 관계를 찾아본다. 예를 들어 아래 내용을 기억하고 싶은 것으로 가정해 보자.

> ▶ 빵
>
> ▶ 비누
>
> ▶ 손질된 닭
>
> ▶ 사과
>
> ▶ 도넛

위 다섯 가지 목록을 외우려고 하는 대신에, 그것들을 유머러스한 방법으로 연결할 수 있다. 예를 들어 '빵에 비누가 펴 발라져 있고 그 사이에 낀 손질된 닭은 계속해서 밖으로 미끄러져 나와 사과 위에 착지하고, 사과는 도넛처럼 보이도록 그것들을 감싸고 있다!'라고 상상할 수 있다. 비록 이런 연상이 재미있지 않더라도, 이렇게 자유롭게 상상력을 발휘해 연결하려고 집중하는 것만으로도 목록을 암기하는 데 도움이 된다.

아래 물건 목록을 암기하기 위해 익살맞고 유머러스한 연결을 떠올려본다.

▶ 콜리플라워

▶ 치즈케이크

▶ 콜슬로

▶ 당근

▶ 커피

▶ 시리얼

▶ 치즈

▶ 크림

▶ 감자칩

필요한 만큼 시간을 들여 상상한 후, 위 목록을 가리고 빈 종이에 얼마나 정확하게 순서대로 쓸 수 있는지 확인해 보자.

아래 유머들을 2분 동안 잘 살펴보고 다시 떠올릴 수 있는지 알아본다. 시간이 다 되면 페이지를 가리고 몇 개를 다시 적을 수 있는지 확인해 보자.

▶ 현관문이 노벨상을 받은 이유는?

벨이 없기(노벨) 때문이다

▶ 빨간 배와 파란 배가 충돌하면 무슨 일이 벌어질까?

선원들이 물에 빠진다

▶ '개가 사람을 가르친다'를 네 글자로 줄이면?

개인지도

▶ 손자가 산불을 보고 할아버지에게 하는 말은?

산타할아버지

▶ 라면은 라면인데 달콤한 라면은?

그대와 함께라면

▶ 겨울에 많이 쓰는 끈은?

따끈따끈

▶ 심장의 무게는?

두근두근

▶ 신이 화나면?

신발끈

▶ 고기 먹을 때 따라오는 개는?

이쑤시개

24시간이 지나기 전에 친구나 가족에게 위 유머를 몇 개나 기억해 말할 수 있는지 시험해 보자.

DAY 8 기억 강화하기

+ 반복이 암기의 핵심이다.
+ 반복을 통해 기억은 강화되고 생명력을 얻는다.
+ 간격을 두고 암기하고 싶은 내용을 반복한다.

뭐라고?

어떤 내용을 공부할 때, 나중에 다시 반복해서 살펴보지 않으면 대개는 꽤 빠른 속도로 머릿속에서 사라진다.

왜?

프레젠테이션을 하거나 익숙하지 않은 주제에 대한 질문에 답변을 준비하는 상황이라면 관련 내용이나 사실들을 기억해야 한다. 만약 그렇다면 해당 정보를 집중해서 읽거나 누군가에게 해당 정보에 관한 이야기를 부탁해 들을 수 있다. 그런 과정을 거친 후 머릿속에 입력된 새로운 정보를 십 분 혹은 한 시간 정도 후까지는 대부분 기억한다. 하지만 다음 날은 어떨까? 아니면 다음 주는 어떨까? 기억을 강화하기 위해 무언가를 하지 않는다면 머릿속에서 꽤 빨리 사라질 가능성이 있다. 이를 해결하기 위한 요령은 원래 배웠던 정보의 내용을 더 짧은 형태로 요약해 반복하는 것이다.

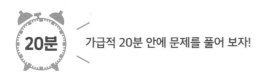

20분 가급적 20분 안에 문제를 풀어 보자!

반복, 반복 그리고 다시 반복

기억한 것을 반복해서 상기하면 기억이 더 강해진다. 무언가를 새로이 배울 때 한 시간, 몇 시간, 하루, 일주일, 심지어 한 달 후에라도 다시 그것을 반복해 주면 오래 기억에 남는다.

그러나 한 번 본 내용을 다시 반복해서 보는 것은 선뜻 내키는 일은 아니다. 첫 번째 볼 때는 자세히 깊이 있게 살펴보고 나중에 다시 볼 때는 그저 기억을 되살리는 차원에서 가볍게 훑는다. 특히 기억나지 않는 부분만 다시 반복하는 것도 방법이다.

재해석하며 다시 보기

무언가를 배울 때 그저 반복해서 읽거나 영상 강의를 두세 번 보는 것은 특별히 효과적인 방법이 아니다. 새롭게 기억해야 할 사항이 이미 익숙한 대상과 관련이 있으면 지루함을 이겨내고 주의를 기울이기가 쉽지 않다. 이를 이겨내려면 새로운 맥락으로 해석하거나 색다른 방법으로 기억하는 것이 필요하다. 예를 들어, 전에는 머릿속에서만 읽던 것을 큰 목소리로 소리 내어 읽는다든지 글로 써서 요약해 본다. 놀라운 효과를 보여주는 또 다른 방법은 배운 것을 자신에게 큰 소리로 설명하는 것이다.

질문 만들기

핵심 주제와 중요 사항들을 요약하고 나중에 관련 지식을 스스로 테스트해 볼 수 있게 질문 형식으로 정리한다. 질문을 만드는 과정을 통해 근본적인 원리를 이해할 수 있게 된다. 또 배우고자 했던 모든 지식을 실제로 기억하고 있는지 나중에 확인할 수 있는 빠른 수단을 갖게 된다. 또한 이 과정을 통해 앞으로 어느 분야에 초점을 맞춰 공부해야 하는지도 알 수 있다.

전 세계 육지의 약 20%에 해당하는 아프리카 대륙의 여러 나라 이름 중 얼마나 알고 있는가? 대부분 소수 국가만 알 것이다. 가나다순으로 25개 나라 이름을 외워 보는 것은 어떨까? 나머지 국가들은 이후 연습에서 살펴보겠다. 여기서는 '반복' 작업이 없다. 어차피 이 목록을 완전히 기억하기 위해서는 다시 돌아와 반복해서 살펴봐야 하기 때문이다.

▶ 가나

▶ 가봉

▶ 감비아

▶ 기니

▶ 기니비사우

▶ 레소토

▶ 베냉

▶ 보츠와나

▶ 부룬디

▶ 부르키나파소

▶ 알제리

▶ 앙골라

▶ 에리트레아

▶ 에티오피아

▶ 이집트

▶ 적도기니

▶ 중앙아프리카공화국

▶ 지부티

▶ 차드

▶ 카메룬

▶ 카보베르데

▶ 케냐

▶ 코모로스

▶ 코트디부아르

▶ 콩고민주공화국

지구에는 달이 1개, 화성에는 달이 2개 있고, 토성에는 여러 개의 달(위성)이 있다. 아직 이름이 붙여지지 않은 달도 있다. 어쨌든 7개의 주요 위성은 아래와 같다. 크기가 큰 순서대로 나열돼 있고 최초로 관측된 연도가 함께 적혀 있다.

타이탄: 1655

레아: 1672

이아페토스: 1671

디오네: 1684

테티스: 1684

엔셀라두스: 1789

미마스: 1789

이 위성들의 목록을 보고, 7개의 이름과 각각 처음 발견된 해를 모두 암기한다.

한 시간 안에 목록을 다시 암기한다. 그리고 다음 날과 며칠 후에 다시 살펴본다. 내용을 반복해서 살펴보는 것이 암기에 도움을 주는가?

DAY 9

노트에 정리하기

+ 노트 정리는 배운 것을 기억하는 데 많은 도움이 된다.
+ 노트에 정리하면 나중에 효과적으로 반복할 수 있다.
+ 배운 것을 잘 기억하고 있는지 테스트할 때 유용하다.

뭐라고?

흔히 우리는 강의를 들을 때 노트에 정리한다. 나중에 자세한 내용을 다시 확인하기 위해 가장 자주 사용하는 방법이다. 무엇보다 필기하는 행위 자체가 내용을 오래 기억에 남기는 효과적인 방법이기도 하다.

왜?

수동적으로 읽거나 듣는 것은 특별히 뇌가 신경 쓸 필요가 없지만, 필기를 하게 되면 지속적으로 주의를 기울일 수밖에 없다. 방대한 내용에서 중요한 점을 찾아내는 데는 정신적인 노력이 필요하다. 그런 과정에서 뇌는 중요성을 인식하고 이를 장기 기억으로 옮기도록 자극받는다.

 가급적 12분 안에 문제를 풀어 보자!

노트에 정리할수록 오래 기억에 남는다

노트에 정리하는 것은 책에 밑줄을 그어 강조하는 것처럼 간단한 일일 수도 있고, 연설이나 시각적 프레젠테이션을 위해 자료를 만드는 것과 같이 좀 더 복잡한 일일 수도 있다. 자신만 참고하려는 메모와 달리, 이런 자료를 만드는 데는 더 많은 주의가 필요하다. 그 과정을 통해 내용이 더 오래 기억에 남는다. 텍스트를 직접 다시 쓰는 행위는 단순히 밑줄만 그을 때보다 더 많은 노력이 필요하기 때문이다.

내용의 형태를 바꿀 때 뇌의 다른 부분이 관여하게 된다. 예를 들어 텍스트 자료를 메모할 때 구어체를 사용하거나 내용을 도표로 나타내거나 할 때 우리 뇌는 활성화된다.

똑똑한 노트 정리법

노트에 정리할 때 구분을 지으면 이해와 학습에 도움이 된다. 관련 개념을 함께 묶어 정리하면 기억들을 서로 연결시켜 더 오래 기억에 남는다. 노트에 정리할 때는 개념을 요약하는 데 주의를 기울인다.

목차에 따라 메모를 정렬해 놓으면, 배운 것을 복습할 때 가장 중요하거나 어려운 부분에 주의를 집중할 수 있다.

메모는 내용 전체를 훨씬 더 빨리 그리고 자주 볼 수 있도록 도와주기 때문에 반복해서 복습할 때 아주 좋다.

다음 내용에서 기본적인 사실을 메모하여 내용을 요약 정리할 수 있는지 확인해 보자.

"찰스 배비지는 많은 사람에게 '컴퓨터의 아버지'로 알려졌다. 그는 전자 공학 이전 시대에 최초의 기계식 컴퓨터를 발명했다. 그의 '분석 엔진'은 최신 컴퓨터처럼 펀치된 카드 프로그램을 읽고, 산술을 수행하고, 논리 기반 결정을 내릴 수 있었다.

하지만 배비지는 불행히도 기계를 완성할 수는 없었다. 시험모델을 만들어 자신의 개념이 작동한다는 것은 입증했지만 전체 시스템 비용이 너무 비싸서 제작할 수 없었다. 그런데 최근에 그의 다른 디자인 중 하나인 '차분기관 2호'의 완성된 작업 모델이 만들어져 런던 과학박물관에서 볼 수 있다. 이는 배비지가 알고 있던 기술력만으로 만들어졌으며, 그의 현명한 디자인이 당시에는 실용적이지 않다고 비난하던 사람들의 의견이 틀렸다는 점을 증명해 주었다.

배비지는 1871년에 79세로 죽기 전 평생 동안 다른 많은 업적을 쌓았다."

왼쪽 페이지의 찰스 배비지에 관한 내용 가운데 기본적인 사실들을 얼마나 기억하는가?

자신이 작성한 노트와 왼쪽 페이지를 가린 후 아래 질문에 답할 수 있는지 확인해 보자.

▶ 찰스 배비지는 전자 공학 이전 시대에 어떤 장치를 만들었는가?

▶ 배비지의 분석 엔진에 프로그램을 어떻게 입력하는가?

▶ 이 글에서 언급된 배비지가 만든 다른 기계의 이름은 무엇인가?

▶ 배비지의 기계 중 하나인 현대적 작업 모델을 어디에서 볼 수 있는가?

▶ 배비지를 묘사하기 위해 자주 쓰이는 표현은 무엇인가?

▶ 사람들의 어떤 의견이 틀렸다고 증명됐는가?

▶ 기계가 수행할 수 있는 작업의 종류는 무엇인가?

▶ 배비지는 몇 년도에 죽었는가?

▶ 죽었을 때 그는 몇 살이었나?

만약 어떤 문제든 대답하는 데 어려움이 있다면, 해당 내용을 다시 읽고 30분 후에 다시 한 번 도전해 보자.

DAY 10 내용 요약하기

+ 내용을 요약하기 위해서는 먼저 이해해야 한다.
+ 내용을 이해하려면 주의를 기울여야 한다.
+ 내용을 다시 설명하면 더욱 기억에 남는다.

뭐라고?

메모를 하는 것은 대개 핵심 사항을 적는 간단한 일이다. 그러나 이러한 핵심 사항을 요약하고 그 정보를 새롭게 구성하는 데는 상당히 많은 정신적 노력이 필요하다.

왜?

여러 정보를 모으고 그것들을 전체적으로 요약해서 다시 쓰려면 사람의 뇌는 원래 내용에 주의를 기울이고, 충분히 배우고 기억해서 그것을 더 간결하게 반복할 수 있어야 한다. 새로운 형태로 내용을 다시 표현할 수 있도록 그 내용을 완전히 이해해야 가능하다. 이 모든 단계는 기억력에 도움을 주는 두 가지 요소인 집중과 반복을 하게 만들고, 같은 내용을 새로운 방식으로 다루어 추가적인 관련 기억을 만들어 낸다.

 10분 가급적 10분 안에 문제를 풀어 보자!

배운 내용 확인하기

메모는 많은 도움을 준다. 하지만 요약해서 노트를 작성하려면 내용 전체를 모두 읽어야 할 뿐만 아니라 정확하게 이해해야 한다. 내용을 이해하려면 충분히 주의를 기울여야만 가능하며, 따라서 전체를 요약할 수 있는 시점에는 이미 내용을 기억하기 위한 많은 단계를 밟은 셈이다. 요약이란 배우고 싶은 내용을 새로운 방식으로 정리하는 것이다, 이는 두뇌가 그 내용을 이해하고 기억할 새로운 기회를 준다.

요약하는 것은 또한 관련된 기억들이 서로 연결되는 방법을 강화해, 이후에 더 쉽게 떠올리게 한다. 어떤 대상을 구성하는 내용들이 어떻게 서로 연관되어 있는지를 이해한다면, 뇌는 그 기억을 만들어 내기 위해 더 많은 연결 고리를 만든다. 기본적으로 한 부분을 기억에 남도록 만들어서 다른 부분도 기억에 더 오래 남게 한다.

잘 모르는 부분을 찾기 쉽다

요약 노트를 만들다 보면, 무심코 지나쳤던 잘 이해하지 못했던 부분들을 발견하기도 한다. 이때 관련 내용을 다시 살펴봄으로써 몰랐던 부분을 더 자세히 이해하고 넘어갈 수 있다. 추가적으로 진행된 이해 과정은 기존의 기억 위에 구축된다. 이를 통해 이해하기 힘든 주제에 대한 더 포괄적이고, 정확한 기억을 머릿속에 입력할 수 있다.

무언가를 완전히 이해했다고 생각할 때, 이를 확인하려고 다른 사람에게 이해한 바를 설명해 볼 수 있다. 말하면서 내용이 요약된다. 이 과정에서 더 알고 싶은 분야가 생길 수도 있다.

헤르만 헤세가 쓴 『수레바퀴 아래서』에서 인용한 발췌문을 읽고 다음 페이지의 맨 위에 있는 문제로 넘어가자.

"마침내 목사가 돌아왔다. 그는 프록코트를 벗고, 가볍게 검정색 실내복 윗옷을 걸쳤다. 그리고 한스에게 그리스어로 쓰인 누가복음을 건네주었다. 라틴어를 공부할 때와는 전혀 다른 방식이었다. 문장을 몇 줄 읽고 나서 단어 하나하나를 꼼꼼히 번역했다. 목사는 익히 알고 있는 예문을 가지고 재미있고 능숙하게 언어의 독특한 정신을 설명해 주었다. 그리고 누가복음이 만들어진 내력과 시대적 배경을 들려주었다. 한 시간밖에 되지 않았지만 목사는 소년에게 학습과 독서에 대해 새로운 개념을 심어 주었다. 한스는 어렴풋이 알 것 같았다. 모든 문장과 단어 하나하나마다 비밀과 사명이 숨어 있다는 것을. 그리고 옛날부터 수많은 학자와 연구가, 명상가들이 그것을 밝혀내려고 애써 왔다는 것을. 한스는 공부를 하면서 마치 자신이 진리 탐구의 세계에 입문한 듯한 착각이 들었다."

앞 페이지에 있는 글을 가린 후 아래 10개의 단어를 바꾼 유사한 내용을 읽는다. 한번 다른 단어가 들어간 부분을 찾아보자. 해답은 200페이지에 있다.

"마침내 목사가 돌아왔다. 그는 프록코트를 벗고, 가볍게 검정색 실내복 웃옷을 걸쳤다. 그리고 한스에게 라틴어로 쓰인 누가복음을 건네주었다. 그리스어를 공부할 때와는 전혀 다른 방식이었다. 문장을 몇 줄 읽고 나서 단어 하나하나를 꼼꼼히 번역했다. 목사는 익히 알고 있는 예문을 가지고 재미있고 능숙하게 언어의 독특한 정수를 설명해 주었다. 그리고 누가복음이 만들어진 내력과 시대적 상황을 들려주었다. 두 시간밖에 되지 않지만 목사는 소년에게 공부와 독서에 대해 새로운 개념을 심어 주었다. 한스는 어렴풋이 알 것 같았다. 모든 문맥과 단어 하나하나마다 비밀과 운명이 숨어 있다는 것을. 그리고 옛날부터 수많은 학자와 연구가, 명상가들이 그것을 밝혀내려고 애써 왔다는 것을. 한스는 공부를 하면서 마치 자신이 언어 탐구의 세계에 입문한 듯한 착각이 들었다."

DAY 11 기억의 핵심은 주의력이다

+ 알아차리지 못한 것을 기억할 수는 없다.
+ 주의를 기울일수록 더 많이 기억한다.
+ 인간은 한 번에 한 가지만 생각할 수 있다.

뭐라고?

만약 무언가에 주의를 기울이지 않는다면, 그것을 기억할 수 없다. 인간의 뇌는 자신에게 중요하다고 생각하는 것들을 기억하기 때문에, 만약 어떤 것이 중요하지 않다고 여겨지면 뇌는 곧장 기억에서 지워버린다.

왜?

일상에서 우리가 가진 시각, 청각, 촉각, 후각 등의 모든 감각은 연속적인 정보의 흐름에 노출된다. 뇌는 이러한 정보의 흐름을 처리하고 자신이 알아야 할 필요가 있다고 생각하는 것에 대해 말해 준다. 그 과정에서 정보에 주의를 기울이지 않으면 단기 기억으로 처리되면서 잠시 후 잊혀버린다. 반대로 많은 관심과 주의를 기울일수록 장기 기억으로 옮겨질 가능성이 커진다.

 12분 가급적 12분 안에 문제를 풀어 보자!

집중해라

어떤 주제에 관심이 많을수록 주의를 기울이기가 더 쉽다. 별로 흥미를 느끼지 않는 것을 배우기는 까다롭다. 만약 크게 관심 없는 분야를 배워야 한다면 주의가 딴 데로 돌아가지 않도록 다음과 같은 방법을 활용해 보자.

1. 다른 저자 또는 영상 다큐멘터리와 같은 보다 흥미로운 자료를 찾는다.
2. 해당 주제를 공부하는 시간을 미리 정해 놓으면 배우는 것이 덜 부담스럽다.
3. 목표 시간을 채워서 공부하면 자신에게 보상을 제공한다.
4. 배운 내용에 대해 친구나 동료에게 퀴즈를 내달라고 부탁해서 긴장감을 늦추지 않는다.

멀티태스킹 아닌 원씽

자신이 한 번에 여러 가지를 생각할 수 있다고 믿을지도 모르겠지만, 모든 인간은 한 번에 한 가지 활동에만 집중할 수 있다. 만약 한 가지 이상의 일을 동시에 하려고 한다면, 사실은 이 일 저 일 사이에서 재빨리 주의를 바꿀 뿐이다. 이때는 그렇지 않은 경우보다 두 가지 일 모두에 제대로 집중하지 못하고 있다는 것을 의미한다. 결국 뇌가 떨어진 주의력만큼 두 가지 일이 자신에게 중요하지 않다고 평가하고 기억에 남기지 않는다는 것을 뜻한다. 무언가를 기억하고 싶다면, 그 일 한 가지 일에만 집중하자. 여러 가지 활동에 주의를 분산시키지 않는다. 예를 들어 TV를 보면서 공부해서는 안 된다.

집중해서 살펴본 후 『이상한 나라의 앨리스』에 나오는 아래 등장인물들의 위치를 기억할 수 있는지 알아보자. 이름을 기억할 필요는 없다. 각각의 캐릭터가 어디에 위치하는지만 기억한다.

▶ 가짜 거북

▶ 앨리스

▶ 공작부인

▶ 체셔고양이

▶ 쐐기벌레

▶ 모자 장수

▶ 하트여왕

▶ 하얀토끼

▶ 동면쥐

▶ 도도새

이제 위 그림을 가린 후 각각의 이름을 올바른 위치에 적어 보자.
앨리스, 가짜 거북, 체셔고양이, 공작부인, 모자 장수, 쐐기벌레, 하얀토끼,
하트여왕, 도도새, 동면쥐

▶ _____

▶ _____

▶ _____

▶ _____

▶ _____

▶ _____

▶ _____

▶ _____

▶ _____

▶ _____

 연습

아래 배열된 사진을 몇 분 동안 집중해서 잘 살펴본다. 어느 정도 시간이 지나면 사진을 가린 후 각각의 그림을 설명하는 단어를 별도의 종이에 몇 개나 적을 수 있는지 알아보자.

DAY 12 기억에 필요한 집중력 기르기

+ **기억하기 위해서는 집중해야 한다.**
+ **집중하기 힘들다면 방법을 찾는다.**
+ **집중력을 방해받지 않는 환경을 만든다.**

뭐라고?

배운 것을 기억하고 싶다면 최대한 집중력을 유지해야 한다. 그러기 위해서는 정신을 산만하게 하는 모든 것을 치우고 가능한 한 빨리 완전한 집중 상태를 이뤄서 시간을 낭비하지 않도록 노력한다.

왜?

뭔가를 하다가 딴짓을 하고 싶은 마음이 든다면 주의는 쉽게 흩어진다. 주의를 산만하게 하는 방해 요소를 단계적으로 최소화해 놓으면 집중력을 강화할 수 있다. 이렇게 하면 점차 더 빠르고 효율적인 학습으로 이어진다. 천성적으로 집중력이 부족한 사람에게는 어려울 수도 있지만 자신이 가능한 만큼 집중하는 것이 중요하다.

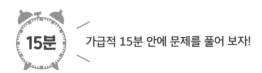 가급적 15분 안에 문제를 풀어 보자!

집중하는 법

수업 시간에 먼 산을 보거나 딴생각에 빠져 있다면 그 시간에 배운 내용을 기억하기 어렵다. 무언가를 기억하기 위해서는 그 일에 적절히 집중해야 한다. 공부하는 동안 딴생각을 할 것 같다면 그것이 중요한 일이라면 먼저 그 일을 해결하고 공부하자. 또 다른 방법으로 나중에 다시 복습할 수 있게 필기를 한다. 당장 기억해야 한다는 부담감을 덜면 오히려 집중이 잘 될 수 있다.

중간에 딴생각을 하지 않으려면

간신히 정신을 가다듬어 집중하기 시작했더라도 이를 유지하는 것도 쉽지 않다. 전화나 메시지, 다른 사람들의 말과 행동, 주의를 산만하게 하는 소리, 짜증나는 딸꾹질, 예상치 못한 냄새, 새로운 이메일 등등 수많은 다른 방해 요소들이 생각의 흐름을 끊어 놓을 수 있다. 일단 산만해지고 나면, 자신이 무엇을 하고 있었는지 기억하기가 어렵다. 나중에 그것을 적절하게 기억하는 것은 말할 것도 없이 더 어려워진다. 그러므로 주의가 산만해지는 것을 피하는 것이 중요하다.

주의를 산만하게 만들 잠재 요소들에 대처하는 가장 좋은 방법은 전자 기기를 끄고 사람들에게 방해하지 말라고 요청하는 것이다. 가능성을 미리 최소화하는 방법이다. 이미 산만해졌다면 나중에 복습할 수 있도록 메모를 한다. 주의를 산만하게 하는 것을 최대한 무시하려고 애쓴다.

새롭게 뭔가를 배울 때 처음에는 집중하기 어렵더라도 좀 더 깊이 알아갈수록 집중하기 쉬워진다는 사실을 발견할 것이다. 더 많은 기억이 기존 기억에 쌓이기 때문이다. 그래서 언제나 새로운 것을 시작할 때가 가장 어렵고 힘들다.

5분 동안 포르투갈어에서 유래한 이 단어들에 집중한 후, 이를 가리고 빈 종이에 얼마나 많이 기억할 수 있는지 적어 보자.

Albatross(알바트로스)

Baroque(바로크)

Buffalo(버팔로)

Cashew(캐슈)

Cobra(코브라)

Dodo(도도)

Emu(에뮤)

Labrador(래브라도)

Marmalade(마멀레이드)

Molasses(몰라세스)

 **연습**

우리의 정신을 산만하게 하는 것들이다. 아래 목록을 읽은 다음 얼마나 정확하게 다시 쓸 수 있는지 확인해 보자. 기억을 돕기 위해 각 목록의 첫 자음은 맨 아래에 주어진다.

▶ 다른 업무

▶ 음악

▶ 걱정

▶ 소음

▶ 채팅 메시지

▶ 알람

▶ 소음

▶ 전화

▶ 공상

▶ 냄새

▶ 도어벨

▶ 소셜 미디어

▶ 추위

▶ 삐걱거리는 의자

▶ 이메일

▶ 스트레스

▶ 다 쓴 펜

▶ 문자 메시지

▶ 친구

▶ 갈증

▶ 허기

준비가 되면 위 목록을 가린 후 아래 자음을 보고 기억을 떠올려 적어 보자.
위 목록의 각 항목 첫 자음은 다음과 같다.

ㄷ ㄱ ㅊ ㅅ ㄱ ㄷ ㅊ ㅇ ㄷ ㅊ ㅎ ㅇ ㅅ ㅇ ㅈ ㄴ ㅅ ㅃ ㅅ ㅁ ㄱ

기억에
기억을 쌓기

+ 기억을 겹쳐 쌓으면 다시 떠올리기가 훨씬 쉬워진다.
+ 주제에 대해 더 많이 찾아볼수록 기억하기 쉬워진다.
+ 더 폭넓은 내용에서 보다 쉽게 기억이 되살아난다.

뭐라고?

직관에 반하는 것처럼 보일 수 있지만, 주제에 대해 더 많이 배울수록 내용을 기억하기 쉬워진다. 이를 위해서는 추가 정보가 어떤 방식으로든 배우는 주제와 관련이 있어야 한다.

왜?

사실을 맥락 속에 위치시키면 별개의 정보 조각이 되지 않고 다른 기억들과 강한 연결 고리가 만들어진다. 또한 주제에 대해 더 많이 배우는 것은 이미 가지고 있는 지식을 이해하고 해석할 때 새로운 방법을 제공한다. 게다가 필요할 때 기억을 소환할 수 있는 추가적인 방법이 생긴다.

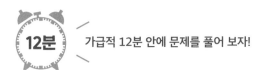

12분 가급적 12분 안에 문제를 풀어 보자!

맥락으로 연결하라

역사적으로 어떤 군주가 통치했던 시기를 알고 싶다고 가정해 보자. 이 정보들을 별개의 사실 집합으로 배울 수도 있지만, 어떤 맥락 속에 위치시켜 보다 쉽게 기억할 수도 있다. 예를 들어, 그들이 왕위에 오른 날짜뿐만 아니라 그들이 누구이고 무엇을 했는지도 살펴볼 수 있다. 그러면 그 날짜는 단지 연관성이 없는 정보가 아니라 더 광범위한 사실의 일부분이 된다. 이러한 사실들이 어떤 식으로든 현재까지 직접적으로 연결되면 훨씬 더 기억하기 쉬워진다.

사실을 맥락 속에 넣는 또 다른 방법은 단순히 표현을 바꾸는 것이다. 예를 들어, 만약 헨리 8세의 대관식이 1509년에 있었다는 사실을 암기하고자 한다면, 대신 1509년에 그가 왕위에 올랐다고 다른 방식으로 이해하는 것이다. 이제 기억을 되살리는 방법이 두 가지가 된다. 만약 1509년에 일어났던 다른 일(예를 들면 프랑스가 베니스에 전쟁을 선포했다)에 대해 더 알아본다면, 원래의 사실을 기억하기가 훨씬 더 쉬워진다.

기억 되살리기

무언가를 새로 배우는 것은 어렵다. 연결 고리 없이 기억을 떠올려야 하기 때문이다. 어떤 경우에는 다시 불러내려는 기억이 무엇인지 안다. 그럴 때는 문제가 되지 않는다, 하지만 무언가를 아는 듯한데 다시 떠올려지지는 않는, 그런 '혀끝에 뱅뱅 맴도는' 감정을 느낀 적이 있는가? 어떤 주제에 대한 지식의 폭을 넓히면 두뇌에 동일한 정보를 검색하는 여러 방법을 제공하기 때문에 이런 경우 도움이 된다. 관련된 정보를 기억할 가능성이 높아지고, 결과적으로 다시 떠올리기를 바랐던 원래의 기억을 끌어낼 수도 있다.

8일 차 과제에서 아프리카 25개국의 이름을 외웠다. 아래에 나와 있는 내용을 추가하여 기억에 도움을 주는 효과를 확인해 보자. 해당 목록에서 처음 5개국에 대한 추가 정보들이다.

▶ 알제리: 북아프리카에 위치해 있고 지중해와 인접해 있으며 인구는 4천만 명이 넘는다. 가장 인구가 많은 곳은 해안 항구도시 알제리다.

▶ 앙골라: 남서아프리카에 위치하며 공식 언어는 포르투갈어다. 인구가 3천만 명이 넘어 아프리카에서 12번째로 인구가 많은 나라다.

▶ 베냉: 서아프리카의 작은 나라로, 서쪽으로 토고 동쪽으로 나이지리아 그리고 북쪽으로 부르키나파소와 국경을 접하고 있다.

▶ 보츠와나: 1966년 영국으로부터 독립하기 전까지는 베추아날란드로 알려졌다. 남아프리카에서 육지로 둘러싸인 나라다.

▶ 부르키나파소: 서아프리카에 위치한 이 나라의 국기는 녹색 줄무늬 위에 빨간색 줄무늬가 있고 중앙에 5개의 노란별이 있다.

위의 어떤 정보도 기억하지 못한다 하더라도, 단지 그 나라에 대해 읽고 그 나라를 맥락 속에 연결하는 것만으로 각 국가의 이름을 기억하는 데 도움이 된다. 8일 차 도전 과제를 더 쉽게 해결하는 기억법이다.

8일 차 과제에서 토성의 7개 주요 달의 이름을 외웠다.

이 페이지의 아래 부분을 읽지 않고, 지금 바로 7개 달의 이름을 모두 떠올릴 수 있는가? 그리고 지구에서 처음으로 관측된 연도 역시 기억할 수 있는가?

그것들을 얼마나 기억할 수 있는지를 확인한 후, 토성의 달에 대한 더 많은 사실을 읽어 보자. 아마도 각 달의 이름을 좀 더 기억하는 데 도움이 될 것이다.

▶ 미마스와 엔셀라두스는 윌리엄 허셜에 의해 발견되었다. 그리스 신화에서 미마스와 엔셀라두스는 우라누스의 피에서 태어난 거인이다.

▶ 테티스, 디오네, 레아, 이아페투스는 조반니 카시니에 의해 발견되었고, 그리스 신화에 나오는 타이탄족의 이름에서 따왔다.

▶ 가장 큰 달인 타이탄은 네덜란드의 천문학자 크리스티안 호이겐스에 의해 발견되었다. 타이탄족은 크로노스의 형제자매이다.

이제 8일 차 과제로 돌아가서 이 추가 정보가 달의 이름을 기억하는 데 도움을 주는지 확인해 보자.

오래된 기억

+ 대부분의 기억은 비교적 빠르게 잊힌다.
+ '잊을 수 없는' 기억도 시간이 흐르면서 사라진다.
+ 우리의 기억은 생각보다 훨씬 왜곡되어 있다.

뭐라고?

어제 저녁식사에 무엇을 먹었는지 기억하는가? 일주일 전이나 한 달 전쯤은 어떤가? 처음에는 잠시 남아 있지만 시간이 지나면서 기억은 사라지고 예전 경험의 세부 사항 대부분은 잊힐 가능성이 크다.

왜?

크게 중요하지 않은 것들까지 기억한다면 진정으로 중요한 정보를 기억해 낼 때 어려움을 겪을 것이다. 그래서 인간의 뇌는 간직할 필요가 없어 보이는 기억은 버린다. 게다가 중요한 기억도 시간이 흐르면서 계속 간직할 필요가 사라지면 점차 희미해진다.

12분 가급적 12분 안에 문제를 풀어 보자!

생존을 위한 망각

망각은 중요한 생존 기술이다. 만약 망각하지 않는다면, 과거와 비슷한 현재의 상황으로 인해 머릿속은 영원히 혼란스러울 것이다. 예를 들어 오늘 필요한 쇼핑 리스트를 지난주 또는 지난달과 혼동한다. 또는 오늘 약속과 예전 약속들이 겹쳐 혼란스러울 것이다.

비록 그렇다 하더라도, 많은 경우에 우리는 완전히 기억을 망각하지는 않는다. 그저 그 기억들을 다시 떠올리기가 극도로 어려워질 뿐이다. 앞 페이지에서 우리는 자신이 과거에 무엇을 먹었는지를 기억하기가 얼마나 힘든지 예시했지만 만약 어떤 다른 계기로 그날을 기억할 수도 있다. 예를 들어 그날 신용카드를 잃어버렸다는 사실을 깨닫는다면 실제로 기억하지 못했을 세부 사항이 되살아날 수 있다.

기억의 조각들

과거 사건을 생각할 때, 하나의 독립된 기억을 떠올린다고 생각할지 모르지만 대개는 의식 속에 함께 연결된 다른 기억들을 포함한 전체를 떠올린다. 이는 과거의 하루나 사건의 일부분을 정확하게 기억하는 동시에 다른 부분들에 대해서는 어렴풋하게 남아 있다는 것을 의미한다. 이것이 때때로 어렴풋했던 과거의 기억이 생각할수록 뚜렷해지는 이유이기도 하다. 우리의 두뇌가 감춰진 기억을 뚜렷한 기억과 연결시킬 수 있는 연결고리를 찾아내기 때문이다.

단편화되는 기억의 부작용은 '거짓' 기억이 실제로 일어난 사건과 연결되어 사실이 왜곡될 수 있다는 것이다. 이는 나중에 다시 살펴보자.

다시 떠올리고 새롭게 느끼지 않으면 대부분의 기억은 금방 사라진다.

3일 차 과제에서 맨부커상을 받은 5명의 이름을 살펴봤다. 지금 이들 중 한 명이라도 기억해 낼 수 있는가?

그보다는 각 연도별로 상을 받은 책 제목을 기억할 수 있는가? 가능하다면 다음 표를 완성해 보자.

▶ 1980년: _____ 윌리엄 골딩

▶ 1981년: _____ 살만 루시디

▶ 1982년: _____ 토마스 케닐리

▶ 1983년: _____ 존 맥스웰 쿠체

▶ 1984년: _____ 애니타 부르크너

자신에게 중요한 것, 우선순위가 높은 것은 아주 잘 기억할 수 있다. 이 과제도 끝나고 나면 몇 시간 동안은 정보가 머릿속에 남아 있더라도 자신이 특별히 관심이 있거나 친숙하지 않다면 시간이 지날수록 빠르게 머릿속에서 사라질 가능성이 크다. 예를 들어 만약 다섯 권의 책에 대해 이미 알고 있었다면 책 제목(그리고 심지어 작가들)을 처음 접하는 경우보다 훨씬 더 수월하게 도전 과제를 해낼 것이다.

8일 차 과제에서 아프리카에 있는 25개국의 이름을 외웠다. 그리고 기억을 보강하기 위해 다음 날 다시 검토하라고 제안했다. 그리고 바로 어제, 이들 국가 중 5개국에 대한 몇 가지 추가 사실을 살펴봤다. 그 다섯 나라 이름을 적을 수 있는가?

▶ 1: _____

▶ 2: _____

▶ 3: _____

▶ 4: _____

▶ 5: _____

어떤가?

8일 차 과제에는 20개의 다른 나라들도 있다. 그중 몇 개를 기억할 수 있는가? 아래에 위 다섯 나라를 포함한 25개국 이름의 첫 번째 자음이 있다. 이번에는 국가 이름들이 정렬되어 있는 순서가 약간 다르다.

ㄱ ㄱ ㅂ ㄱ ㄱ ㅈ ㅈ ㅂ ㅋ

ㅇ ㅂ ㅇ ㄱ ㅁ ㅇ ㅋ ㅈ ㅊ

ㅋ ㅇ ㅋ ㅇ ㅇ ㅂ ㅋ ㄹ

복합
매개 기억

+ 기억하고 싶은 대상을 이미지로 떠올린다.
+ 내용을 이해한 뒤에 다시 다양한 방법으로 설명해 본다.
+ 기억에 오래 남을 수 있도록 정보의 형태를 바꾼다.

뭐라고?

빵 한 덩어리를 사야 한다는 사실을 잊지 않으려면, 자신이 빵을 먹는 장면을 상상해 본다. 역사적 사실을 배우고 싶다면, 그 사건이 일어나는 장면을 상상해 본다. 무언가를 설명하는 법을 배우고 싶다면, 실제로 커다랗게 소리 내어 설명해 본다. 자기 자신을 상대로 해서 설명해도 상관없다.

왜?

인간의 두뇌는 각각의 행위와 관련된 부위가 사용되기 때문에 기억하고 싶은 대상을 살펴볼 때 활성화되는 두뇌 부위가 많을수록 더 기억하기 쉬워진다. 두뇌가 활성화되면서 더 집중하게 할 뿐만 아니라 기억을 저장하게 한다. 단지 소리 내어 읽는 것만으로도 도움이 될 수 있는데, 그 과정에서 더 많은 두뇌 회로를 사용해서 집중도를 증가시키기 때문이다.

15분 가급적 15분 안에 문제를 풀어 보자!

아래의 글을 단 한 번만 머릿속으로 조용히 읽고 기억해 본다.

> "우리의 뇌는 대부분 두 가지 형태로 되어 있다. 신경 세포라고도 불리는 뉴런과 아교세포로 구성되어 있는데 뉴런은 약 1,000억 개에 달한다. 하지만 아교세포는 1조 개가 넘는다. 각각의 뉴런은 평균 1,000개의 다른 뉴런과 연결되어 총 100조 개의 연결을 이룬다."

이제 위 글을 가리고 다음 질문에 답할 수 있는지 확인해 보자.

▶ 뇌에 있는 두 가지 주요 세포 유형은 무엇인가?

▶ 이러한 유형의 세포 중 하나는 별도의 이름을 가지고 있다.

그 이름은 무엇인가?

▶ 뇌에 얼마나 많은 뉴런과 아교세포가 있는가?

▶ 인간의 뇌에 있는 뉴런의 총 연결 수는 얼마인가?

어떤가? 만약 어떤 질문이든 대답하기 힘들었다면, 그 구절을 다시 한 번 읽어 본다, 하지만 이번에는 크게 소리 내어 읽는다. 단순히 머릿속으로 다시 읽는 것보다 기억에 더 남는다고 생각되는가? 이해력이 향상되었는지 확인하기 위해 질문에 다시 답해 보자.

아래에 인간의 뇌에 관한 몇 가지 사실이 더 적혀 있다. 추가된 정보를 두 번 읽는다. 처음에는 머릿속으로, 두 번째는 크게 소리 내어 읽어 보자.

> "뉴런은 다른 뉴런과 신호를 주고받는다. 입력은 수상돌기로 알려진 나무 모양의 가지에서 받아들이고 출력은 축삭돌기로 알려진 긴 촉수와 같은 구조를 따라 보내진다. 각 축삭돌기는 시냅스라는 작은 틈을 통해 다른 뉴런의 수상돌기에 연결된다. 뉴런이 신호를 '발사'하면 축삭돌기를 따라 전해진다. 신호가 각 시냅스에 도달하면 시냅스 사이를 가로질러 화학 물질이 흘러 수신받은 뉴런에서의 행동 변화를 유도한다. 이는 뉴런이 반응 신호를 발사하는 것을 촉진하거나 방해할 수 있다. 이러한 발사 패턴은 인간의 모든 생각과 행동에 연결된다."

이제 위 글을 가리고 방금 읽은 정보들에 대한 아래 질문에 잘 대답할 수 있는지 확인해 보자.

▶ 각 뉴런에서 입력받는 영역의 이름은 무엇인가? 출력 영역의 이름은 무엇인가?

▶ 각 뉴런의 출력과 입력 사이의 틈을 뭐라고 부르는가?

▶ 뉴런이 신호를 '발사'하면 무슨 일이 벌어지는가?

15일: 도전 과제 3

이 페이지에 나온 아래 이미지들을 기억해 본다. 두 번 시도해 봐도 된다. 처음엔 단순히 사물을 보면서 외운다. 그다음엔 자신에게 이미지를 큰 소리로 설명하면서 기억한다.

각각 몇 분 정도 시간을 들여 그림을 살펴본 후, 책을 뒤집어 놓고 백지에 각이미지에 대한 설명을 적는다(원한다면 그림을 그려도 된다).

연결하기

+ 기억을 돕기 위해 의도적으로 내용을 서로 연결한다.
+ 기억 간의 연결을 사용하여 순서를 외운다.
+ 연결이 이상할수록 기억에 오래 남는다.

뭐라고?

기억을 돕기 위해 의도적으로 일련의 내용들을 서로 연결할 수 있다. 이를 통해 연결된 내용들의 첫 번째 항목만 기억하면 나머지 전체 항목들을 떠올릴 수 있다.

왜?

개별적이고 분리된 항목들의 목록은 기억하기 어려울 수 있다. 예를 들어 슈퍼마켓의 입구에 들어서면서 쇼핑할 목록이 저절로 떠오르기를 바라는 것 외에 다른 방법이 없기 때문이다. 하지만 운에 의존하는 대신 쇼핑 목록 사이에 의도적으로 연결을 만들 수 있다. 한 가지 물건을 생각하면 자동으로 다음 항목이 떠오르게 만드는 것이다. 필요한 건 그저 창조적인 상상력을 자유롭게 발휘하는 것뿐이다.

20분 가급적 20분 안에 문제를 풀어 보자!

연결하고 또 연결하기

7일 차 과제에서 쇼핑 목록에 있는 물건들 사이를 유머러스하게 연결해서 더 기억에 남게 만드는 방법들을 살펴보았다. 하지만 이 기술은 단순히 쇼핑 목록을 기억하는 데만 유용한 것이 아니다. 어떤 식으로든 연결할 수 있는 물건 목록이 있는 모든 상황에서 사용할 수 있다.

 가장 본질적으로 기억에 남는 연결은 대개 시각적인 것이다. 하지만 재치 있는 말장난이나 자신이 알고 있는 항목 간의 연관성에 근거해서 연결할 수도 있다. 한마디로, 우스꽝스럽게 연결하는 것을 목표로 해야 한다. 황당한 연결 고리가 더 주목을 끌고, 주목을 끄는 것이 뇌에는 더 중요한 정보처럼 보인다. 또한 어떤 면에서는 더 놀랍기 때문에 더 쉽게 기억이 떠오른다.

항목들의 목록을 기억하는 데 그치지 않고, 이 기법은 추가 노력 없이도 특정한 순서까지 기억하게 해준다.

가물거리는 이름 기억하기

몇 개의 이름을 기억하고 싶은데 잘 외워지지 않아 어떤 식으로든 그 이름들을 연결하고 싶어 한다고 치자.

예를 들어 이봉주, 주현미, 박진주, 김남순 같은 이름들이라면 성큼성큼 달리는 봉황을 이용해 '이봉주'로 시작해서 봉황이 달리다가 현미주먹밥을 먹는 것을 상상할 수 있다. 여기서 '주현미'를 떠올리게 한다. 그리고 나서 현미밥을 먹다가 진주를 발견하는데, 이것은 다시 '박진주'를 상기시킨다. 그리고 마침내 봉황이 남순을 만나 진주를 주는데, 여기서 '김남순'을 떠올린다. 처음에 연결만 해놓으면 이름은 저절로 떠오르게 된다.

세계에서 가장 긴 강들의 이름을 외워 보자. 가장 긴 강부터 차례대로 적혀 있다(첫 번째 두 강의 순서는 강의 시작을 정확히 어디에서 측정하느냐에 따라 그 길이에 논란이 있다).

1: 아마존강

2: 나일강

3: 양쯔강

4: 미시시피강

5: 예니세이강

6: 황하강

7: 오비강

8: 리오 데 라 플라타강

9: 콩고강

10: 아무르강

무작정 암기하려면 어려움이 있지만 연결 기법을 사용하면 긴 목록도 쉽게 기억할 수 있다.

아래 쇼핑 목록을 주어진 순서에 따라 우스꽝스럽게 연결하여 기억해 보자.

- ▶ 빵집
- ▶ 냉동식품
- ▶ 꽃
- ▶ 시리얼
- ▶ 우유
- ▶ 고양이 사료
- ▶ 약국
- ▶ 소고기
- ▶ 화장실
- ▶ 초콜릿
- ▶ 탄산음료
- ▶ 바비큐
- ▶ 와인
- ▶ 통조림

묶어서
간단하게 만들기

+ 단순하게 암기하기 위해 항목을 나누어 묶는다.
+ 이렇게 하면 더 적은 수의 항목만을 기억하면 된다.
+ 또한 보다 빨리 떠올릴 수 있다.

뭐라고?

미리 대상을 단순하고 간단하게 변형시킴으로써 보다 쉽게 암기할 수 있다. 예를 들어, 숫자 '40'은 단일 항목이기 때문에 '4, 0'보다 기억하기가 더 쉽다. 마찬가지로, 길게 나열된 여러 개의 항목들을 하나로 함께 연결하면 학습 과정을 간소화할 수 있다.

왜?

많은 내용을 암기하는 것은 더 많은 노력이 필요하고, 또한 일부 내용을 쉽게 잊어버릴 가능성이 커진다. 항목 수를 줄이면 부담이 줄어든다. 이 기법은 단기 기억의 크기를 효과적으로 확장해 준다.

 15분 가급적 15분 안에 문제를 풀어 보자!

그룹화 기억법

하나의 생각, 개념 또는 단어로 여러 항목을 결합할 수 있다면, 그 내용을 보다 기억하기 쉽게 만들 수 있다.

예를 들어, 빵, 우유, 버터를 사야 한다고 기억하는 대신에 '빵과 버터'와 우유를 사는 것으로 바꿔 기억할 수 있다. '빵과 버터'는 자주 함께 쓰인다. 그래서 사전적 정의와는 다르더라도, 서로 연결하여 '샌드위치'로 기억할 수도 있다. 이제 좀 더 쉽게 기억할 수 있을 것이다. 샌드위치와 우유만 기억하면 되니까.

그룹화 기억법은 다른 종류의 정보에도 사용할 수 있지만 특히 큰 노력 없이도 변형해서 기억할 수 있는 대상에 적합하다. 만약 이를 위해 오랫동안 멈춰 서서 생각해야만 한다면 가치가 없을지도 모른다. 기존에 지식이 있거나 경험이 많은 대상에 알맞은 기법이다.

쉽게 숫자 암기하기

만약 시간이 흐르면서 변하는 어떤 순서를 정기적으로 기억해야 한다면, 특정한 '조합'을 미리 정해 놓는 것이 유용할 수 있다. 숫자는 의미가 없어 외우기가 상당히 어렵다. 그래서 숫자를 외우려면 거기에 많은 의미를 부여해야 한다. 이를테면 종종 여러 자리 숫자를 암기해야 한다면 미리 각각의 숫자 쌍에 대해 특정한 줄임말을 정해 놓을 수 있다. 예를 들어 숫자 '23'은 소시지라고 정해 놓는다. 그러고 나서 이를 기억하고 싶을 때는 두 자리 숫자 대신 한 개의 항목만을 기억한다. 숫자를 개체로 변형하면 각 개체들을 연결하는 것도 훨씬 쉬워진다.

처음 이와 같은 기법을 사용할 때는 많은 노력이 필요하지만 시간이 지나면서 점차 쉬워진다. 이는 함께 묶기뿐만 아니라 미리 묶인 정보 모두에서 사용 가능하다.

 **연습**

묶기 방법을 사용하여 아래 숫자를 암기해 본다.

83, 759, 284

이제 위 숫자를 가리고 백지에 정확히 쓸 수 있는지 알아본다.

 **연습**

아래 임의의 순서로 된 알파벳을 좀 더 다루기 쉽게 묶기 기법을 사용해 본다.

RPDEEKLNRW

다른 종이에 위 알파벳을 정확하게 쓸 수 있는가?

 **연습**

묶기 기법을 사용하여 숫자와 알파벳의 조합을 기억해 본다. 완벽하게 적을 수 있는가?

D13G9H426Z

아래에 몹시 긴 독일어 단어가 있다. 단어를 외울 때 묶기 기법을 사용할 수 있는지 알아보자. 각 단어 아래에 대략적인 뜻을 적어 놓았다.

Freundschaftsbeziehung
(프로인트샤프츠베치훙)
우정 관계

Rechtsschutzversicherungsgesellschaften
(레히츠슈츠베르지헤런스게젤샤프턴)
법률 비용 보험 회사

Donaudampfschiffahrtsgesellschaftskapitän
(도나우담프시파르츠게젤샤프츠카피탄)
다뉴브 증기선 회사 선장

일단 이 독일어 단어들을 정복했다면, 영어 단어에도 도전해 볼까?

Floccinaucinihilipilification
무가치하게 여기는 행위

DAY 18 대본 없이 강연하기

+ 효과적인 프레젠테이션을 위해서는 준비가 필요하다.
+ 기억 기법을 사용하여 리허설을 단순화한다.
+ 과도한 준비는 준비 부족만큼이나 나쁠 수 있다.

뭐라고?

프레젠테이션을 할 때 자신이 직접 발표를 준비한다면 이미 그 내용에 상당히 익숙해진 상태다. 어느 정도 연습은 필요하지만 단어 하나하나 모든 내용을 암기하는 것은 좋은 방법이 아니다. 대신, 전달하고 싶은 주요 핵심을 기억하고 발표를 끌어가기 위해 사용할 표제어들에 집중한다.

왜?

프레젠테이션 내용에 익숙하면 발표를 유창하게 하는 데 도움이 될 것이다. 하지만 과도한 준비는 다시 매우 조심스러운 마음으로 돌아가게 한다. 대사를 외우는 데 익숙한 배우가 아니라면, 발표하고자 하는 정확한 단어를 기억하려고 애쓰다가 실수할 수 있기 때문이다. 더 많이 암기하려 할수록 기억력이 떨어질 수 있고, 그 결과 실수가 더 많아질 수 있다.

 15분 가급적 15분 안에 문제를 풀어 보자!

핵심 표제어로 강연하기

요즘은 예전보다 대중 앞에 서야 할 일이 많아졌다. 먼저 발표를 위해서는 슬라이드나 메모를 사용하여 자료를 준비한다. 이때 자료에 나와 있는 표제어들에 대해 말하고자 하는 내용을 구체화하면 된다. 각 표제어들을 쉽게 풀어갈 수 있는 내용을 찾아가면서 프레젠테이션을 진행한다. 설명이 자연스럽게 이어지면 더 이상 준비할 것이 없을지도 모른다. 내용이 까다롭다면 앞에서 배운 기억법을 사용하여 전달하고 싶은 내용에 대한 간단한 메모를 준비한다. 한 번 이상 리허설을 거치면 아마도 내용을 서로 연결시킬 수 있을 것이다. 또 기억을 이끌어 낼 수 있는 간단한 신호들을 만들어 낼 수도 있다.

준비하면서 특별히 적절하다고 생각되는 표현이 떠오른다면, 반드시 기록해서 다시 사용할 수 있게 한다. 단 주의할 점은 전체 발표 내용을 외우지 않는 것이다. 내용을 모두 암기하려고 하면 정확한 단어를 기억해야 한다는 압박감 때문에 스트레스를 받을 수 있다. 혹 발표하다가 실수로 인해 흐름을 놓치면 전체 발표를 망칠 수도 있다. 잠깐 메모를 살펴보는 것으로 기억을 떠올려 내용을 이어갈 수 있게 하는 것이 좋다.

또한 특별히 훈련받지 않으면 암기한 내용을 발표할 때는 말을 지나치게 빨리 하는 경향이 있다. 자신이 말해야 할 내용을 생각하면서 진행하면 오히려 청중들이 편안하게 느낄 정도의 속도로 말하게 된다. 청중에게 자신이 말하는 내용을 기억할 수 있는 여유를 줘야 한다는 사실도 잊어서는 안 된다.

요컨대 발표할 내용에 대한 요약으로 시작해서 요약으로 끝내는 것을 잊지 않는다. 그래야 청중들이 발표 내용을 더 잘 기억한다.

지구 형성과 역사에 대한 가상 발표를 위해 다음 10개의 표제어를 얼마나 쉽게 기억할 수 있는지 확인한다. 연습을 통해 기억 기법을 실습해 보자.

> ▶ 잔해 구름

> ▶ 태양의 생성

> ▶ 녹아있던 지구가 냉각하면서 지각을 형성

> ▶ 대기의 형성

> ▶ 물과 바다의 출현

> ▶ 대륙의 형성과 진화

> ▶ 생물학적 진화

> ▶ 빙하기의 패턴

> ▶ 멸종 사건들

> ▶ 근대 대륙의 형성

암기가 끝났다면 백지에 다시 정확하게 적어 보자.

조선시대는 1392년부터 1910년까지 5백년간 이어지면서 27명의 왕이 있었다. 학창 시절 앞 글자만 따서 외우곤 했는데 다음과 같다.

태정태세문단세 / 예성연중인명선 / 광인효현숙경영 / 정순헌철고순

그런데 문제는 앞 글자 다음에 붙는 조와 종이 헷갈린다는 데 있다.

'조'는 나라의 시조나 공이 많은 왕에게 붙인다.

'종'은 덕으로 나라를 잘 다스리고 문물을 융성하게 한 왕에게 붙인다.

'군'은 왕위에서 쫓겨나 폐위된 왕에게 붙인다.

이제 아래 조선시대 왕의 순서와 이름을 정확하게 외워 보자.

태조 정종 태종 세종 문종 단종 세조

예종 성종 연산군 중종 인종 명종 선조

광해군 인조 효종 현종 숙종 경종 영조

정조 순조 헌종 철종 고종 순종

DAY 19 날짜 기억하기

+ 묶기 기법을 사용하여 날짜를 단순화한다.
+ 날짜의 일부를 다른 사실과 연관시키는 방법을 찾는다.
+ 기억 가능한 연관관계를 사용하여 사건과 날짜를 연결한다.

뭐라고?

지금까지 배운 많은 기억법을 함께 사용하면 필요한 날짜를 더 잘 기억할 수 있다. 달력을 확인할 필요 없이 생일, 약속 또는 다른 중요한 날짜를 기억하거나, 중요한 날짜를 잊어버릴 위험을 피하기 위해 이 기법을 사용한다.

왜?

숫자를 더 조밀하게 표현하기 위해 날짜 부분과 기존 지식 사이에서 의미 있는 연결을 찾아 숫자를 그룹화한다. 즉 1년은 그해에 일어난 사건과 연결할 수 있고, 한 달은 그달에 의미 있는 어떤 사건과 연결할 수 있다. 또한 날짜의 일부와 그 날짜와 관련된 사람 또는 사건 사이의 재미있는 관계를 찾아 서로 연결할 수도 있다.

12분 가급적 12분 안에 문제를 풀어 보자!

특별한 날짜들

이제 여러 가지 기억법을 배웠으니, 중요한 날짜와 같은 일상적인 정보를 기억하는 데 적용할 수 있다.

예를 들어 4월 25일 생일을 기억하고 싶다고 하자. 이것을 25/4로 나타내면, 미국에서 25센트 동전이 '쿼터(QUARTER)'로 알려져 있고, 또한 쿼터는 1/4을 뜻한다는 것도 안다. 그래서 '쿼터'로 생일에 해당하는 달과 날짜를 나타낼 수 있고, 따라서 '쿼터'로 전체 날짜를 나타낼 수 있다. 이제 동전을 들고 있는 사람을 상상하면 된다. 혹은 동전 한쪽에 주인공의 그림이 그려져 있는 이미지를 상상하면 된다. 그러면 앞으로 그 사람의 생일을 쉽게 기억할 수 있다.

날짜와 숫자를 암기할 때, 먼저 이미 아는 대상과 연결하는 방법을 찾는다. 만약 그 방법이 어렵다면, 숫자를 어떤 의미 있는 작은 항목으로 나눈다. 일단 날짜의 구성요소가 어떤 의미를 가지면 이를 기억할 수 있고 그 순서를 기억하기 위해 시각적으로 연결할 수 있다. 그리고 그 결과를 어떤 식으로든 관련된 사람 또는 사건과 다시 연결한다. 모든 것은 아는 것과 모르는 것 사이에 관계를 만드는 것임을 명심한다.

숫자 구절

숫자를 나타내는 또 다른 방법은 숫자와 같은 글자 수의 구절로 대체하는 것이다. (원하는 경우 0을 10으로, 1을 11로, 2를 12로 나타낼 수도 있다.) 예를 들어 '412'를 기억하기 위해 '사랑하는 내 아내'라는 문구를 사용할 수 있다. 이 문구는 각각 4, 1과 2개의 글자로 이루어져 있어 문구를 기억하면 숫자는 자동으로 떠올릴 수 있다.

사랑하는 내 아내

4   1   2

아래의 각 날짜 및 관련 가상 이벤트를 암기해 보자.

10월 25일
(생일)

6월 13일
(기념일)

9월 7일
(휴가)

5월 4일
(저녁 식사)

이 날짜들을 가린 다음 백지에 모두 성공적으로 쓸 수 있겠는가?

 **연습**

다음과 같은 실제 역사적 날짜도 암기해 보자.

4/4/75
마이크로소프트 설립

1/4/76
애플 설립

5/7/94
아마존 설립

4/9/99
구글 설립

DAY 20

암호와
핀번호 기억하기

+ 당신이 기억할 수 있는 암호 및 핀번호를 만든다.
+ 인생에서 의미 있는 사건과 연결한다(모호한 방식으로).
+ 해당 사이트에 따라 변경하는 규칙을 만든다.

뭐라고?

보안을 위해 모든 계정에 다른 암호나 핀번호를 사용해야 한다. 이 모두를 기억하기는 정말 힘든 도전처럼 보이지만 한 번의 노력과 간단한 조합으로 쉽게 해결할 수 있다.

왜?

많은 비밀번호를 기억하기는 쉽지 않다. 비밀번호를 어딘가 적어 두지 않으면, 자주 사용하지 않는 계정일 경우 비밀번호를 잊어버리기 일쑤다. 그 과정에서 중요한 콘텐츠에 대한 접근 방법을 잃을 수도 있다. 비밀번호를 적어 두거나 여러 계정에 동일한 비밀번호 또는 핀번호를 반복 설정하고 싶은 유혹이 커진다. 이 또한 보안상 좋지 않아 콘텐츠에 대한 접근 권한을 한꺼번에 잃어버릴 수도 있다.

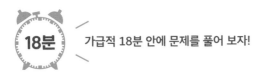 가급적 18분 안에 문제를 풀어 보자!

늘 까먹기 일쑤인 개인 비밀번호들

세계에서 가장 인기 있는 암호로는 '123456', 'PASSWORD', 'QWERTY' 등이 있다. 쉽게 추측할 수 있는 사실이지만, 강력한 컴퓨터 검색의 힘을 빌린 결과를 보면, 수백만 명 이상이 실제 이런 암호들을 사용한다. 같은 비밀번호를 여러 계정에서 사용할 경우 하나만 노출이 되어도 모든 계정이 위험에 처할 수 있다. 그러므로 모든 계정 각각에 고유한 암호를 만드는 것이 안전하다.

'MONKEY', 'FOOTBALL' 또는 'STARWARS'와 같은 매우 일반적인 비밀번호를 사용하더라도 개인적인 방법으로 별도의 내용을 추가하여 더 안전하게 만들 수 있다. 예를 들어 각 사이트 이름의 처음 세 글자를 각 암호 끝에 추가한다. 그렇게 해도 여전히 보안에 취약할 수 있지만 자동화된 해킹 스크립트가 한 번에 모든 계정을 파괴할 위험은 사라진다. 중요한 것은 자신이 기억하기 매우 쉽다는 점이다. 한 번만 개인 암호 만들기 시스템을 고안하면 되기 때문이다.

더 강력한 방법은 짧은 비밀번호 조각을 만들어 여러 방법과 결합해 다양한 비밀번호를 만드는 것이다. 만약 하나의 조각을 알파벳의 각 글자에 연결해서 한 번만 기억한다면, 사이트 이름의 처음 세 글자를 당신의 조각들로 변환하는 패스워드 시스템을 사용할 수 있다. 이 조각들은 잘 알려지지 않은 단어를 사용하는 것이 가장 좋다. 예를 들어 자신이 아는 사람의 이름에서 처음 세 글자를 사용할 수도 있다. 그러므로 'HELLO CORP'라는 회사는 'HEL(EN)', 'EDW(ARD)' 그리고 'LEW(IS)'의 조각들을 결합하여 HELEDWLEW라는 꽤 안전한 암호를 사용할 수 있다. 이렇게 '한 번 익히면 영원히 사용'하는 방법은 처음에는 상당한 노력이 필요하지만 익숙해지면 별도의 노력이 필요 없어진다.

 **연습**

아래 핀번호들을 암기해 보자.

1734

9482

2957

974205

454841

16984260

아래 암호들을 암기해 보자.

WALRUS255

2DONUT4

P4S5W0RD5?

TPHAESS

D837JS44

T%54#3-A6A!

열쇠
찾기

+ 일상적인 활동은 크게 기억에 남지 않는다.
+ 물건을 어디에 두는지 주의를 기울인다.
+ 물건을 두는 위치를 미리 인지하고 숫자를 센다.

뭐라고?

우리가 매일 사용하는 열쇠나 물건들을 어디에 뒀는지 기억이 안 나 찾아 헤매는 일은 흔하게 일어난다. 때때로 마지막으로 물건을 본 장소가 어디인지조차 확신하지 못하는데, 그래서 찾기가 더 어려워진다.

왜?

대개 일상적인 물건에는 별로 신경을 쓰지 않는 편이다. 그래서 뇌는 그것들을 어디에 두었는지 기억하려고 노력하지 않는다. 관심이 부족하면 우리 뇌는 그것을 중요하지 않다고 여기기 때문이다. 그래서 불행한 결과로 이어진다. 우리는 의식적으로 '나는 이 장갑 한 켤레 뒤에 열쇠를 놓아둔다'라는 식으로 미리 생각해 놓아야 한다. 그래야지 나중에 어디에 두었는지 기억할 가능성이 생긴다.

12분 가급적 12분 안에 문제를 풀어 보자!

물건을 잃어버렸을 때

단지 매일 뭔가를 한다고 해서 그것이 중요하지 않다는 의미는 아니다. 하지만 물건을 둔 장소를 기억하지 못하는 측면에서 보면 우리의 뇌는 중요하게 생각하지 않는다. 열쇠, 돈 그리고 다른 중요한 물건들을 어디에 두었는지에 우리가 더 많은 주의를 기울여야 하는 이유다. 시간을 내어 평소 어디에 두는지 더 신경 써야 한다. 더 많이 생각할수록 기억하는 데 도움이 된다. 예를 들어 '나는 이것을 이 못생긴 장식 뒤에 놓는다'는 생각을 하면 아무 생각이 없던 때보다 훨씬 더 기억에 남는다.

일정하게 방문하는 장소의 경우 항상 소지품을 두는 곳을 한두 군데 찾아놓고 방문할 때마다 그곳에 놓도록 약간의 노력을 기울인다. 상황이 여의치 않다면 어디에 두었는지를 기억하기 위해 앞서 살펴본 기억법을 사용한다.

물건을 잃어버린 경우 기억날 만한 다른 연결 고리를 찾는다. 도착했을 때 무엇을 했고, 누구와 이야기했는가? 기억 속에 있는 자신의 발자취를 되짚어 본 후, 잃어버린 물건을 어디에 두었는지 떠올릴 수 있는가?

소지품 숫자 세어 놓기

애초에 문제의 장소에 물건이 있었는지 확실하지 않다면 물건을 되찾는 것은 더 까다로워진다. 어떤 물건을 가지고 있었는지조차 전혀 기억나지 않는다면, 잃어버린 물건을 찾는 것은 훨씬 더 어렵다. 이 문제를 방지하려면 일상 속에 '소지품 점검' 습관을 만들어야 한다. 있던 곳을 벗어날 때마다 항상 지니고 다니는 소지품의 개수를 정확하게 세어 본다. 이는 자신이 가지고 있어야 할 모든 소지품을 나열하는 것보다 더 쉽다. 왜냐하면 늘 가지고 다니는 소지품이라 친숙해서 떠올리기가 쉽지 않기 때문이다. 그래서 총 항목 수를 세는 것이 더 쉽다.

 **연습**   **21일: 도전 과제 1**

집에 도착할 때마다 열쇠나 다른 소지품을 둘 만한 세 곳을 작성해 보자.

▶ 1: _____

▶ 2: _____

▶ 3: _____

다음번에 집에 도착할 때는 위 세 곳 중 한 곳을 이용하고, 더 나아가 각각의 장소에 어떤 소지품을 두었는지까지 기억한다.

 **연습**   **21일: 도전 과제 2**

여권, 특정 카드, 가끔 사용하는 열쇠, 캠핑용품과 같이 자주 사용하지 않는 물건들을 찾는 데 어려움을 겪은 적이 있는가?

이런 물건들이 현재 어디에 있는지 목록을 작성한다(필요한 경우 먼저 찾아본다). 이러한 과정을 통해 물건들의 위치에 주의를 기울이게 되고, 나중에 더 쉽게 떠올릴 수 있다.

▶ 1: _____

▶ 2: _____

▶ 3: _____

▶ 4: _____

▶ 5: _____

다음 각 물건들이 놓여 있는 방의 위치를 기억할 수 있는지 확인한다. 충분히 시간을 들여 자세히 살펴본 후 아래 그림을 가리고 빈 평면도에 물건 이름을 써넣어 보자.

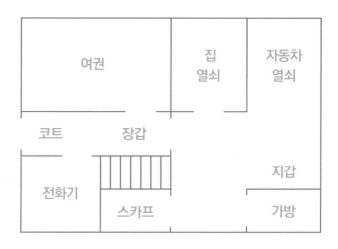

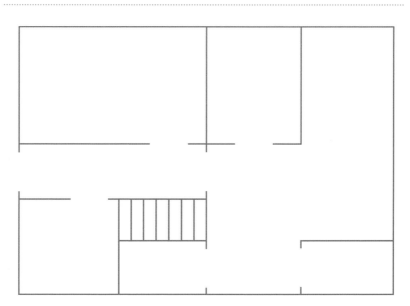

DAY 22 이름과 얼굴 기억하기

+ 이름과 외모 특징을 연결한다.
+ 요령이 생기면 얼굴과 이름을 기억하기 쉬워진다.
+ 나중에 다시 기억을 떠올리기가 더 쉽다.

뭐라고?

일부 사람들은 이름을 기억하는 데 어려움을 겪는다. 심지어 얼굴을 잘 기억하지 못하는 사람들도 있다. 걱정할 필요 없다. 이 문제를 간단히 해결할 수 있는 기억법이 있다. 상대방의 시각적인 외모나 독특한 특징들을 이름과 연결하는 것이다. 이 방법은 다음에 상대방을 만났을 때 자동으로 이름을 떠올리게 하는 데 도움이 된다.

왜?

이름을 기억하려면 주의를 기울여야 하고, 그 이름을 얼굴과 연결하려면 의식적인 노력이 필요하다. 상대방의 얼굴을 비롯해 신체 외모 특징을 찾아내 이름과 연결한다. 예를 들어 윤택은 어떻게 외울 수 있을까? 동글동글한 얼굴이 눈에 띄는데 광택이 나는 둥근 얼굴과 이름을 연결 짓는다. 그러면 사람 이름을 손쉽게 외울 수 있고 다시 만났을 때 기억을 떠올리기도 쉽다.

 10분 가급적 10분 안에 문제를 풀어 보자!

이름 게임

누군가를 처음 만났을 때 우리의 뇌는 빠르게 상대의 첫인상을 만든다. 이때 좀 더 자세히 살펴보면 뭐가 보일까? 상대의 외모에서 뭔가 주목할 만한 점을 찾을 수 있다. 귀가 크다든지 이마에 주름이 깊다든지 평범하지 않은 특징을 찾아내 그 사람과 연결하여 기억에 오래 남게 한다.

연결법 중 한 가지는 유머러스하거나 각운 혹은 두운을 맞출 수 있는 연관성을 찾는 것이다. 예를 들어 상대방의 이름이 '지환'이고 박학다식하다면 '지식이 많은 지환'이 될 수 있다. 혹은 얼굴이 예쁘고 이름이 '미숙'이라면 '아름다울 미(美) 미숙'으로 기억할 수 있다. 이렇게 별명을 붙이면 이름은 훨씬 기억하기가 쉬워진다.

누군가의 신체 특징을 이름과 연결하는 것은 부적절해 보일 수도 있지만, 그들의 이름을 기억하는 데 도움을 준다면 실제로는 공손함과 존경을 보여 주는 것이다. 그 별명을 다른 사람과 공유하거나 혹은 그들을 판단하는 데 사용하지 않는 한 무례한 방법이라고 볼 수는 없다.

물론 누군가를 한참이나 빤히 쳐다보는 것은 이름을 잊어버리는 것보다 더 나쁜 상황을 초래할 수 있다. 단번에 눈에 띄는 특징을 찾지 못한다면 다른 요소를 찾는다. 예를 들어 상대방이 특이한 옷을 입고 있거나, 그를 만난 장소와 연결해도 된다. 비록 이런 특징은 나중에 상대방을 다시 만날 때 그리 직접적인 도움이 되지는 않지만 아무런 연결 요소를 만들지 않는 것보다는 도움이 된다. 처음에는 이름 외에 하나를 더 외워야 해서 까다로울 수 있지만 점점 쉬워진다.

중요한 핵심은 주의를 기울여야 한다는 점이다. 상대의 이름을 기억하려면 그 이름에 대해 정말로 생각해야 한다. 생각한 것만 기억할 수 있기 때문이다. 상대의 이름을 의식하고 그 사람과 연관시킬 고리를 만들려고 노력해야 한다. 이 정도 노력도 없이 상대의 이름을 기억하기는 어렵다.

 **연습**

이 페이지의 각 얼굴에 붙여진 이름을 보고 어느 이름이 어느 얼굴에 속하는지 암기한다. 충분히 살펴본 후 이미지를 가리고 다음 페이지로 넘어가자.

명수   진주

수현   연주   경애

준익   강호

 연습

22일: 도전 과제 1B

각각의 얼굴 옆에 정확한 이름을 적어 보자. 옆 페이지와는 순서를 다르게 배치했다.

이미지로
기억하기

+ 시각적 기억은 더 쉽게 저장된다.
+ 실제 본 장면은 오랜 뒤에도 기억에 남는다.
+ 뭔가를 배울 때 이 기술을 활용한다.

뭐라고?

평생 사진을 몇 장이나 찍었는가? 아무리 많이 찍었다고 해도 자신이 찍은 사진은 오랜 세월이 지난 후에도 알아볼 수 있다. 사진을 찍은 후 나중에 다시 이를 확인하는 과정은 본질적으로 기억을 각인하는 절차다. 하지만 불행히도 이 효과가 반대로 작용하지는 않는다. 자신이 찍은 사진이더라도 다시 보기 전까지는 그런 사진이 존재하는지조차 모를 수 있다.

왜?

관련된 기억은 함께 연결되어 있기 때문에 어떤 것에 대해 더 많이 알수록 관련 사실을 다시 떠올리기가 쉽다. 시각적 이미지는 종종 관련된 감정, 이전의 여행이나 행사의 기억, 친구들과 가족 등 관련된 많은 생각들을 불러일으킨다. 그래서 그 장면은 다른 기억과 강하게 연결되어 있어서 기억하기가 훨씬 쉽다.

12분 가급적 12분 안에 문제를 풀어 보자!

아래 그림을 살펴본 다음 이를 가리고 두 번째 도전 과제로 넘어가자.

 연습   23일: 도전 과제 1B

위의 이미지 중 어떤 것을 알아볼 수 있겠는가? 새로운 이미지는 무엇이 있는가?

 **연습** 

왼쪽 위 패턴을 5초에서 10초 동안 자세히 살펴본 다음 이를 가리고 오른쪽 빈 그리드에 얼마나 정확하게 재현할 수 있는지 확인한다. 그런 다음 두 번째 패턴, 세 번째 패턴도 같은 방식으로 도전해 보자.

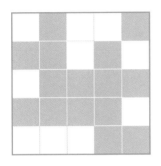 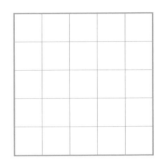

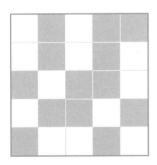 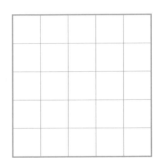

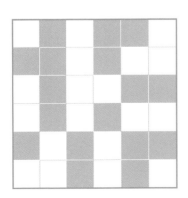 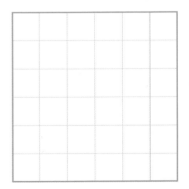

페이지 상단의 패턴을 1, 2분 정도 살펴본 다음 이를 가리고 아래의 그리드에 재현해 보자.

시각
기법

+ 시각적 기억을 활용하여 쉽게 학습한다.
+ 마음 속 생각을 시각화하여 더 기억에 남게 한다.
+ 그림들을 연결 기법으로 서로 결합한다.

뭐라고?

이전에 봤던 이미지는 더 잘 알아볼 수 있기 때문에 기억하고 싶은 대상이 있다면 이를 시각화하면 오래 기억할 수 있다. 시각화하는 동안 집중력이 발휘되어 잘 기억하게 된다. 정보를 머릿속에 이미지로 저장하면 정보에 대한 이해력도 향상된다. 뇌과학자 존 메디나는 "정보를 들으면 사흘 후에 10%만 기억하지만 여기에 그림을 보태면 65%를 기억한다"고 말했다.

왜?

자신이 있었던 장소, 자신의 물건, 자신이 다녔던 길, 그리고 친구와 적을 확인하는 것은 모두 진화적으로 생존을 위해 중요한 일들이었다. 따라서 시각적 단서가 있다면 우리는 더 쉽게 기억을 되살릴 수 있다. 우리의 머릿속에 있는 장면과 이야기를 그려내는 방법으로 말이다. 비교적 기억하기 어려운 사실이 있다면 강한 시각적 기억을 만들면 된다.

 **15분** 가급적 15분 안에 문제를 풀어 보자!

다음 항목들이 포함된 장면을 시각화해 보자.

너무 쉬운 경우 직접 연결되지 않는 항목들로 다시 시도해 보자.

이제 그림을 가리고 항목들을 떠올려 본다. 몇 개나 기억하는가?

 **연습**

다음과 같은 가상 이벤트를 상상한 다음 해당 이벤트에 대한 질문에 답해 보자.

▶ 달리기 경주에서 달걀과 스푼을 이긴 거대한 돼지를 탄 남자

▶ 하마가 넘어지는 정확한 순간에 터진 풍선

▶ 깡통 드럼의 박자에 맞춰 삼바를 추는 25마리의 작은 개

▶ 물탱크 안을 헤엄쳐 다니며 물음표 모양을 만든 금붕어

▶ 옅은 회색 종이에 밝은 노란색 잉크로 쓴 250페이지 분량의 기억력 연습

▶ 끈적끈적한 테이프로 고정된, 커다란 데이지 꽃 사슬로 짠 태피스트리

이 이상한 이미지들을 얼마나 기억하는가? 한번 확인해 보자.

▶ 풍선이 터졌을 때 무슨 일이 일어났는가?

▶ 작은 개들은 무엇을 하고 있었나?

▶ 금붕어는 무엇을 했는가?

▶ 기억력을 연습한 종이는 무슨 색이었나?

▶ 무엇으로 태피스트리를 고정했는가?

 **연습**

페이지 상단에 도로가 그리드를 통과하는 경로를 살펴본 후, 이를 가리고 다음에 나오는 빈 그리드에 재현해 보자.

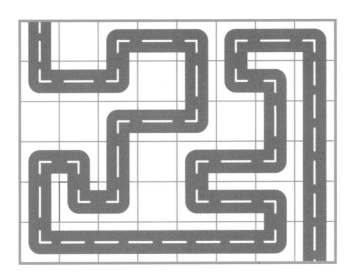

DAY
25
각운과 리듬 만들기

+ 각운이 맞는 문장은 훨씬 기억에 오래 남는다.
+ 발음하기 쉬운 문장은 배우기가 더 쉽다.
+ 각운이 맞는 대구를 만들어 기억한다.

뭐라고?

끝말이 반복되는 것을 각운이라 한다. 운율을 만들어 외우는 기억법에서 중요한 요소다. "1492, 콜럼버스가 신대륙을 발견하고 먹은 음식, 고기구이." '92'와 '구이'가 각운을 이뤄 암기를 훨씬 쉽게 도와준다.

왜?

우리의 뇌는 질서와 패턴을 좋아한다. 뇌는 모든 것을 서로 연결시킴으로써 세상을 이해하기 때문이다. 배우고 싶은 대상에 패턴을 부여하면 뇌는 훨씬 흥미롭게 받아들인다. 그래서 더욱 기억하기 좋아진다. 각운을 사용해서 혹은 노래나 랩, 시처럼 각운을 넣으면 이런 특징을 활용할 수 있다.

20분 가급적 20분 안에 문제를 풀어 보자!

콜럼버스에 관한 추가 사실들이다. 짧은 각운을 이용해 이를 외워 보자.

▶ 크리스토퍼 콜럼버스는 1451년 10월 31일부터

1506년 5월 20일까지 살았다

▶ 그는 이탈리아인으로 스페인을 대표하여

대서양을 건너는 네 번의 여행을 마쳤다

각운이 정확한 생몰 일자 대신 네 번의 여행을 마친 사실과 생존 기간(55년)을 연결해 각운을 만들어도 된다.

자신이 만든 각운 문장을 아래에 적고 몇 번 반복해서 읽어 보자.

_____

_____

_____

_____

이제 몇 분간 혹은 충분히 쉬는 시간을 가진 후 아래 질문에 답해 보자.

▶ 콜럼버스는 몇 년도에 태어났는가?

▶ 콜럼버스와 관계있는 두 나라는 어디인가?

▶ 콜럼버스는 몇 년도에 사망했는가?

아래 사실을 기억하기 위해 각운이 맞는 짧은 시를 지어 보자.

▶ 1770년 4월 29일 일요일에 제임스 쿡은 오스트레일리아 보터니만에 착륙했다. 이는 영국이 오스트레일리아를 식민지화하는 일로 이어졌다.

_____

_____

_____

_____

▶ '신세계'라는 용어는 1503년 아메리고 베스푸치가 라틴어로 쓴 편지에서 처음 사용됐다(Mundus Novus). 편지에는 최근 서유럽에 알려진 땅이 동아시아가 아니라 새로운 대륙, 신세계라는 사실이 설명되어 있었다. 그리하여 그 대륙은 그의 이름을 따서 아메리카로 지어졌다.

_____

_____

_____

_____

아래 이름들을 기억하기 좋게 운율이 맞는 문장으로 만들어 보자.

진영

미란

성웅

지아

수민

준혁

광규

경호

석환

영호

두음법

+ 두음으로 이뤄진 짧은 문자열을 기억한다.
+ 복수의 항목을 하나의 '단어'로 축약한다.
+ 이 기법은 다른 단어들을 위한 비망록이다.

뭐라고?

학창 시절 암기할 정보가 많을 때 앞 글자만 따서 외우는 방법을 써먹은 적이 있을 것이다. 주기율표, 태양계 행성 순서, 사야 할 물건 등 다양한 항목이 나열된 경우를 자주 접한다. 길게 나열된 항목을 모두 기억하기란 쉽지 않다. 이럴 때 두음과 축약 기법을 쓰면 효과적으로 외울 수 있다. 필요한 모든 항목을 기억하기 위해 하나의 단어만 기억하면 된다.

왜?

두음 – 일반적으로 축약이라고도 한다– 은 기억해야 할 정보의 양을 대폭 줄일 수 있는 좋은 방법이다. 하나의 '단어'만을 기억함으로써 축약된 원래의 각 단어들을 떠올릴 수 있는 촉매가 된다. 이 기법은 작은 단위의 정보들을 기억할 때 유용하다. 또한 짧은 순서를 기억할 때도 사용할 수 있다.

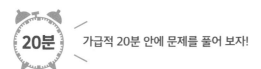

20분 가급적 20분 안에 문제를 풀어 보자!

두음이란 무엇인가?

두음은 어떤 단어의 첫 번째 문자를 가져오는 것이다. '전국 대학생대표자 협의회'를 '전대협'이라고 부르는 방식이다. 인터넷에 자주 쓰이는 축약어들도 모두 두음을 이용한 것이다. 예를 들어 '가성비'는 '가격 대비 성능의 비율'을, '갑분싸'는 '갑자기 분위기가 싸하다'의 앞 글자를 딴 것이다.

두음을 활용하면 기억하기 쉽다

두음 기법을 사용하는 데 머리가 좋을 필요는 없다. 예를 들어 무지개 색깔을 기억하기 위해 '빨주노초파남보'를 생각하는 것이다. 비록 발음하기 편하게 구성되지는 않았지만 말이다.

두음은 특히 친숙한 주제일 경우 최상의 효과를 보인다. 예를 들어 생화학에 대해 아무런 지식이 없다면 '구키아티'라는 두음을 기억하더라도 이것이 '구아닌, 키토신, 아데닌, 티민'을 뜻한다는 것을 떠올리기 힘들다.

일반적인 축약

무언가를 기억하기 위해 완벽하게 두음 단어를 만들 필요는 없다. 원하는 어떤 종류의 축약어라도 상관없다. 예를 들어 덴버가 콜로라도의 수도라는 것을 기억하고 싶다면 원하는 글자를 떼어다가 '덴콜로'라고 기억해도 상관없다. 별개의 두 단어보다는 '덴콜로'라는 하나의 단어가 기억하기 더 쉽다. 그래서 이미 덴버와 콜로라도가 충분히 익숙한 단어라면 하나의 단어를 기억함으로써 모두를 떠올릴 수가 있다.

인터넷에서 자주 쓰이는 축약어로 'LMK'가 있다. 'Let Me Know(나에게 알려
줘)'를 축약한 말이다. 아래는 무엇의 축약어일지 추측해 보자.

BTW:

RIP:

IMO:

BAE:

BTW는 By The Way(그런데), RIP는 Rest In Peace(평화로이 잠드소서), IMO는
In My Opinion(내 생각에는), BAE는 Before Anyone Else(누구보다도 우선인 사
람)의 축약어이다.

 **연습**

고대 세계의 7대 불가사의 목록이 있다. 이 목록을 간결하게 표현할 방법이 있는가? 순서대로 기억할 필요는 없다. 축약어를 활용해 기억하기 쉽게 만들어 보자.

▶ 로도스의 거상

▶ 기자의 피라미드

▶ 바빌론의 공중정원

▶ 알렉산드리아의 등대

▶ 할리카르나소스의 마우솔로스

▶ 올림피아의 제우스상

▶ 에페소스의 아르테미스 신전

남아 있는 유일한 구조물은 이집트 기자에 있는 쿠푸왕의 피라미드이다.

 **연습** **26일: 도전 과제 3**

평소 기억하기 어려운 항목들을 찾아 기억하기 쉽게 자신만의 두음이나 약어를 만들어 아래에 적어 보자. 예를 들어 **철**기 시대 토기에는 **민**무늬토기, **검은** 간토기, 덧**띠**토기가 있는데 이를 '철민(이는) 검은 띠'라고 약어를 만들면 기억하기 쉽다.

머리글자로
문장 만들어 외우기

+ 문장의 첫 글자를 기억하기 위한 촉매로 쓴다.
+ 관련이 있거나 즐거운 내용의 문장이 더 기억하기 쉽다.
+ 각운이나 리드미컬한 문장을 사용할 수도 있다.

뭐라고?

잘 알려진 문장 'Every Good Boy Deserves Fun(모든 착한 소년은 재미있게 지낼 자격이 있다)'에서 각 단어의 앞 글자를 모으면 'EGBDF'가 된다. 'EGBDF'는 높은음자리표 오선지의 각 음(미, 솔, 시, 레, 파)을 나타내는데, 음계를 가르칠 때 흔히 사용된다. 이렇게 문장으로 만들면 오선지의 5음계를 훨씬 쉽게 기억할 수 있다.

왜?

문자 순서를 기억하기 힘들거나 특히 자신이 원하는 순서대로 다시 조합하기 어렵다면 각 문자로 시작하는 문장을 만들어 외우면 훨씬 기억하기 쉬워진다. 특히 발음이 부드럽게 잘 되면 더 좋다.

20분 가급적 20분 안에 문제를 풀어 보자!

 **연습**

영국인들은 무지개의 색깔, Red-Orange-Yellow-Green-Blue-Indigo-Violet을 다음 문장으로 외우곤 한다. 'Richard Of York Gave Battle In Vain(요크의 리처드는 헛된 싸움을 했다)'이라는 문장을 기억하여 무지개의 색깔과 그 순서를 암기한다.

자신만의 문장이나 구절을 만들 수 있는지 알아보자. 쉽게 말할 수 있는 문장을 만든다. 발음하기 어려우면 기억하기도 어렵기 때문이다.

R O Y G B I V

 **연습**

이제 태양계에 속한 8개 행성을 암기할 수 있는 문장을 만들어 보자. Mercury(수성), Venus(금성), Earth(지구), Mars(화성), Jupiter(목성), Saturn(토성), Uranus(천왕성) and Neptune(해왕성):

M V E M J S U N

이제 더 긴 영국의 모든 왕과 왕비 목록을 암기하기 위한 문장을 만들어 보자
(둘째 줄에 4명의 왕이 연속된 점에 유의한다).

안느(Anne)

조지(George) I, II, III & IV

윌리엄(William) IV

빅토리아(Victoria)

에드워드(Edward) VII

조지(George) V

에드워드(Edward) VIII

조지(George) VI

엘리자베스(Elizabeth) II

과거 올림픽이 열렸던 10개 지역이다. 각 이름을 외울 수 있는 시를 지어 보자. 도시 이름은 아래와 같다.

1960: 로마

1964: 도쿄

1968: 멕시코시티

1972: 뮌헨

1976: 몬트리올

1980: 모스크바

1984: 로스앤젤레스

1988: 서울

1992: 바르셀로나

1996: 애틀랜타

DAY 28

기억을
머릿속 말뚝에 걸어라

+ 상상의 '말뚝'을 만들어 더 쉽게 기억한다.
+ 그런 다음 말뚝에 다양한 방법으로 내용을 연결할 수 있다.
+ 말뚝을 한 번만 만들고 계속 사용한다.

뭐라고?

신발, 테니스 라켓, 침팬지 같은 임의의 시각적 '말뚝'을 만든 다음 모두 외운다. 다음에 어떤 목록을 암기하고 싶다면 말뚝에 해당 목록의 항목들을 걸기만 하면 된다. 말뚝에 거는 장면을 실제로 상상하여 기억한다. 말뚝을 이미 완전히 외웠기 때문에 이러한 연결 기억법은 전체 목록을 순서대로 기억하게 해준다.

왜?

시각적 연결은 기억에 잘 남는다. 특히 예상치 못하거나 재밌는 방법일 때 더 그렇다. 연결시킬 수 있는 시각적 항목이 담긴 목록을 미리 암기해 놓음으로써 앞으로 어떤 목록이더라도 쉽게 기억할 수 있다.

25분 가급적 25분 안에 문제를 풀어 보자!

말뚝 세우기

머릿속에 말뚝을 만드는 첫 번째 단계는 몇 개의 말뚝을 세우는 것이다. 자신이 좋아하는 것이면 무엇이든 상관없다. 하지만 어떤 것이든 머릿속에 강한 시각적 이미지를 가질 수 있어야 한다. 예를 들어 아래와 같이 5개의 말뚝을 세울 수 있다.

▶ 호스
▶ 500조각 직소퍼즐
▶ 형광색 신발끈 한 쌍
▶ 벌 떼
▶ 카드 한 벌

다음 단계는 말뚝을 기억하는 것이다. 노력이 좀 필요하겠지만 한번 기억하면 앞으로 많은 항목들을 외우는 데 도움이 된다.
이제 어떤 목록을 암기할 때 어떤 방식으로든 말뚝에 연결하면 된다. 그래서 오렌지주스, 베이컨, 사과, 달걀 그리고 초콜릿을 외워야 한다면 다음과 같이 상상해서 외울 수 있다.

▶ 호스를 통해 흐르는 오렌지주스
▶ 베이컨으로 만든 먹을 수 있는 직소퍼즐
▶ 형광색 신발끈에 매달린 사과
▶ 언덕을 굴러 내려오는 달걀을 쫓는 벌 떼
▶ 초콜릿 종이로 만들어진 카드 한 벌

항목들을 떠올리고 싶다면 미리 기억해 둔 말뚝을 기억하면 된다.

 **연습**

자기만의 머릿속 말뚝을 만들어 본다. 이미지를 강하게 떠올릴 수 있는 8개 말뚝을 생각한다. 실제로 일련의 항목들을 말뚝에 '매다는' 상상을 할 수 있어야 한다. 8개 말뚝의 형태가 다양하면 더 좋다. 모두가 물건일 필요는 없다. 특정 거리나 방 또는 지역 같은 친숙한 장소, 아니면 '하늘' 같은 개념도 가능하다.

첫 번째 8개 말뚝을 적어 보자.

▶ 1: _____

▶ 2: _____

▶ 3: _____

▶ 4: _____

▶ 5: _____

▶ 6: _____

▶ 7: _____

▶ 8: _____

시간을 들여 자신의 말뚝을 암기한다. 지금 들이는 노력은 앞으로 말뚝을 언제든 이용할 수 있을 때 보상받는다.

자신만의 말뚝을 만들었다면 앞으로 여러 가지 목록을 암기할 때 이용할 수 있다. 첫 번째 단계는 목록을 말뚝과 연결하는 것이다. 아래 목록들을 차례로 말뚝에 각각 연결해 보자. 아직 자신의 말뚝을 제대로 숙지하지 못했다면 옆 페이지를 참조해도 된다.

▶ 1: 잼 도넛

▶ 2: 빨간색 차

▶ 3: 사탕옥수수

▶ 4: 다이아몬드 반지

▶ 5: 달팽이

▶ 6: 건초 한 무더기

▶ 7: 종이 한 박스

▶ 8: 식기세척기

이제 말뚝과 그 말뚝에 걸린 목록들 그리고 말뚝과 연결하는 아이디어를 가지고 있다.

앞 페이지의 아이디어 목록을 다시 읽고 떠오른 연결 방법으로 말뚝을 사용하여 8개의 목록을 기억해 보자.

암기를 마쳤다면 이제 기억 말뚝을 뽑을 차례다! 아직 완전하게 8개의 말뚝을 익히지 못했다면 아래에 각 말뚝을 다시 적어 보자.

▶1: _____   ▶5: _____

▶2: _____   ▶6: _____

▶3: _____   ▶7: _____

▶4: _____   ▶8: _____

이제 말뚝에 매단 8개의 목록을 적어 보자.

▶1: _____   ▶5: _____

▶2: _____   ▶6: _____

▶3: _____   ▶7: _____

▶4: _____   ▶8: _____

이제 두 개의 말뚝을 추가해 총 10개의 말뚝을 완성한다.

▶ 9: _____

▶ 10: _____

이제 10개의 말뚝을 가지고 있다. 아래 10개의 목록을 말뚝과 시각적으로 연결하는 상상을 해서 암기해 보자.

> ▶ 1: 초콜릿 바
>
> ▶ 2: 컴퓨터 키보드
>
> ▶ 3: 인터넷 공유기
>
> ▶ 4: 목성
>
> ▶ 5: 자갈
>
> ▶ 6: 고래
>
> ▶ 7: 동전
>
> ▶ 8: 보습제
>
> ▶ 9: 테니스공
>
> ▶ 10: 사전

일단 준비가 되면 위 목록을 가리고 10개 중 몇 개를 떠올릴 수 있는지 확인한다. 빈 종이에 적어 보자. 모두 쓰고 나서 위의 목록과 비교해 보자. 어떤가?

기억 장소 만들기

+ 긴 목록을 암기할 수 있는 강력한 기억법이다.
+ 처음에는 조금 노력이 필요하지만, 충분한 가치가 있다.
+ 목록뿐만 아니라 순서까지 기억할 수 있다.

뭐라고?

기억 말뚝은 여러 개 목록을 암기하기 위한 훌륭한 방법이다. 하지만 기억 장소법을 더하면 이 개념은 더 완벽해진다. 그럼 기억 장소란 무엇인가? 기억 속에 건물을 짓고 정해진 건물 속의 길을 익히는 것이다. 그 길을 따라 목록들을 '놓아둘' 수 있다. 나중에 기억을 저장하고 꺼내는 데 자연스러운 도구가 된다.

왜?

고대 그리스인들은 물건을 기억하고 저장하는 가장 좋은 방법이 순서를 정하는 것임을 알았다. 그들은 잘 아는 장소들, 예를 들어 집의 공간에 물건을 배치하고 순서를 부여했다. 익숙한 공간에 다른 것을 연결해 촉매를 만들면 기억을 떠올리기 쉬워진다. 친숙한 장소의 이미지를 떠올리고 그 속으로 나있는 길을 정해 두면 기억하고 싶은 목록들을 미리 익혀둔 촉매에 놓아둘 수 있다. 그리고 그 길의 이미지를 상상함으로써 강력한 시각적 회상을 통해 기억을 떠올리는 수단이 된다.

25분 가급적 25분 안에 문제를 풀어 보자!

자신만의 궁전 짓기

궁전에는 많은 방이 있다. 하지만 처음에는 친숙한 집을 이용하여 작은 규모로 시작해도 된다. 예를 들어 집에 현관문이 있다고 가정해 보자. 현관은 거실로 이어지고 그곳에서 주방으로 갈 수 있다. 위로는 계단이 이어지고 침실로 연결된다. 이 집 안으로 나있는 길이 이제 자신의 '기억 궁전'이다.

길에 더 많은 장소가 있을수록 더 많은 목록을 기억할 수 있다.

어떤 길을 떠올렸든지 첫 번째 단계는 이를 암기하는 것이다. 길 자체는 한 번만 기억해두면 된다. 그러면 이를 영원히 사용할 수 있다. 시간을 들여 공간이 많은 기억 궁전을 강하게 짓는다. 앞으로 계속 그 궁전 안을 돌아다닐 것이기 때문이다.

물론 작은 궁전으로 시작할 수도 있다. 기억 궁전을 사용하는 데 익숙해지면서 방과 장소를 추가해 갈 수 있다. 꼭 실제 세계의 구체적 장소와 연관될 필요는 없다. 그래서 침실의 창문으로 빠져나와 사무실로 빠져나올 수 있고 체육관이나 테마파크로 연결할 수도 있다. 익숙하기만 하다면, 또는 충분하게 자세히 이미지를 상상할 수만 있다면 괜찮다.

다른 모든 강력한 기억법과 마찬가지로 기억 궁전은 처음에는 상당한 노력이 들어간다. 하지만 오래도록 충분한 보답을 받는다. 많은 수의 목록을 빠르게 신뢰할 수 있는 수준으로 암기하는 능력이 생긴다. '목록'이 폭넓은 개념이라는 것에 주목해야 한다. 이는 숫자, 이름, 사람, 장소 등 모든 종류의 내용으로 기억 궁전을 채울 수 있다. 어떤 방식으로든 시각화하여 상상할 수 있다면 기억으로 저장된다.

궁전 이용하기

궁전을 세웠다면 이제 사용할 시간이다! 앞 페이지에서 예시한 궁전을 사용해 보자. 각자 자신이 만든 기억 궁전을 사용하면 된다.

아래 너무나 익숙해서 잘 외워지지 않는 목록들이 있다. 이를 기억해 보자.

▶ 치즈
▶ 햄
▶ 신문
▶ 빵
▶ 버터

이제 기억 궁전을 아래와 같이 사용할 수 있다.

▶ 현관문에 치즈를 놓는다. 예를 들어, 구멍이 뚫린 치즈를 열쇠고리에 매다는 상상을 할 수 있다.
▶ 거실 테이블을 커다란 빵 덩어리로 바꾼다.
▶ 주방 벽을 여러 장의 햄으로 도배한다.
▶ 계단마다 버터를 모두 펴 바른다. 몹시 미끄럽다!
▶ 침실의 침대보를 모두 신문지로 바꾼다. 여러 장의 신문지를 테이프로 이어 커다랗게 만든다.

더 유머러스하거나 시각적으로 우스꽝스러울수록 기억하기가 쉬워진다. 유머러스한 일이 더 기억에 잘 남기 때문이고 또 그런 노력이 더 집중하게 만들기 때문이다. 이 모두가 오래 기억하게 돕는다.

이제 당신 차례다! 예시한 기억 궁전을 이용하거나 아니면 적어도 5개의 방이 있는, 당신이 사용하는 장소를 이용한다. 아래 다소 이상한 목록을 암기해 보자.

▶ 전선이 끊어진 핸드폰 충전기

▶ 거대하게 부풀려진 당나귀

▶ 하얀색 퀸이 없는 체스 말이 든 박스

▶ 아기 때 빛바랜 사진

▶ 빨지 않은 양말

이 목록들은 한 번 읽으면 짧게 기억에 남는다. 하지만 내일 아침에도 떠올릴 수 있을까? 아마도 단 한 번 읽는 행위로는 기억하기 힘들 것이다. 이 목록들을 기억 궁전에 배치하면 기억할 가능성이 훨씬 높아진다. 궁전의 장소와 각 목록을 강하게 연결시켜 놓을수록 다시 떠올리기 쉬워진다.

기억 궁전을 걸어 들어가면서 각 목록들을 배치시킨다. 각 방을 들어가면서 각 목록과 연결시킬 수 있는 방법을 찾는다. 충전 케이블을 현관 문고리에 묶을 수 있을까? 혹은 당나귀가 정말 커다랗게 부풀어서 거실을 가득 채울 수 있을까?

기억 궁전에 기억하고 싶은 것을 연결시키는 데 익숙해지려면 시간이 좀 걸릴 수 있다. 특히 위의 목록들처럼 복잡한 물건일수록 그렇다. 하지만 다른 기법들과 마찬가지로 연습할수록 쉬워진다. 개념들을 연결시키는 사례를 반복해서 재사용할 수 있다.

 **연습**

기억 궁전이 잘 작동하고 있는가? 5가지 항목 중 몇 개를 기억하는가?

기억 궁전을 아직 암기하지 못했다면 물건들을 놓아둔 각 방의 목록을 적는 것부터 시작해 본다. 하지만 위의 물건 목록 자체를 다시 살펴보지는 않는다. 예시한 궁전을 사용하고 있다면 각 방은 현관, 거실, 주방, 계단 그리고 침실이다.

이제 앞 페이지의 5가지 항목을 적어 보자. 가능한 한 상세하게 적는다.

▶ 1: _____

▶ 2: _____

▶ 3: _____

▶ 4: _____

▶ 5: _____

어떤가? 다 썼으면 앞 페이지를 보고 확인한다. 기억 궁전은 목록과 그 구체적 특성을 기억하는 데 도움이 됐는가?

어떤 목록을 잊었다면 잠깐 멈춰서 그 방에 연결한 목록 이미지를 생각해 본다. 목록들은 이례적으로 구체적이다. 하지만 방과 연결시킨 이미지가 놀라울수록 다시 떠올리기가 쉽다. 시간을 들여서 최고의 연결 방법을 찾아보자. 대개 처음에는 상상력을 발휘하기가 쉽지 않다.

자신의 기억 궁전에 들어가 있는, 또는 들어갈 수 있는 방의 목록을 만들어 보자. 실제로 돌아다닐 때 말이 되는 순서로 적는다. 상상 속에서 여행을 떠날 때 훨씬 자연스럽기 때문이다.

▶ 1: _____

▶ 2: _____

▶ 3: _____

▶ 4: _____

▶ 5: _____

▶ 6: _____

▶ 7: _____

▶ 8: _____

 연습   **29일: 도전 과제 3**

위에 적은 기억 궁전의 방들을 이용해서(만약 필요하다면 위에 적힌 목록을 보면서 해도 된다), 아래 8가지 물건을 각 방에 연결하고 다시 떠올려 보자.

물고기 – 전화 – TV – 선반

모자 – 주스 – 고양이 – 박스

기억 궁전 속 말뚝

+ 기억 궁전은 각 방들 사이를 연결한 통로로 이루어진다.
+ 각 방 안에는 기억 말뚝을 박을 수 있다.
+ 더 긴 목록을 위해 두 가지 방법을 결합한다.

뭐라고?

누군가 엄청나게 긴 목록을 외우는 사람을 본 적이 있다면 그는 분명 말뚝을 가진 기억 궁전을 사용하고 있을 확률이 높다. 29일 차에서 배운 길 개념과 28일 차에서 배운 말뚝 개념을 결합해야 한다. 단순히 길을 따라 놓여 있는 방에 말뚝을 만들면 된다. 예를 들어 방으로 들어가 시계 방향으로 말뚝을 점검한다. 이제 모든 항목들을 방 안에 곧장 놓아두거나(원래 기억 궁전 시스템) 그냥 말뚝에 거는 것(원래 기억 말뚝 시스템)이 아니라 방 안의 말뚝에 걸 수 있다.

왜?

여러 개의 방을 가진 기억 궁전을 기억하기는 쉬운 일이 아니다. 하지만 길을 따라 각 방에 말뚝을 배치함으로써 기억할 수 있는 목록 수를 확장할 수 있다.

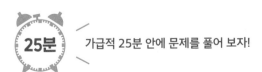

25분 가급적 25분 안에 문제를 풀어 보자!

궁전에 말뚝 추가하기

29일 차에 설명한 대로 자신만의 기억 궁전을 이미 지었다면 각 방에 말뚝을 추가할 수 있다. 실제 장소를 궁전으로 상상했다면 이는 비교적 간단한 일이 된다. 각 방에 그림이나 소파, 테이블, 창문, 싱크대, 특별한 장식품 같은 주목할 만한 특징이 있는가? 만약 그렇다면 어떤 것을 말뚝으로 쓸지 정하기만 하면 된다. 그리고 그 말뚝 사이를 다닐 길을 추가한다. 정해진 길로 방 안을 움직이는 모습을 상상한다. 그러면 언제나 말뚝에 연결한 목록의 순서를 기억할 수 있다.

이미 기억 궁전을 만들었다 해도 각 방에 말뚝을 조금씩 추가해 가면서 천천히 확장할 수 있다. 실제 가구처럼 처음 사용할 때마다 각 방을 완벽하게 꾸밀 필요는 없다. 예를 들면 현관의 경우 현관문이나 열쇠를 걸어두는 고리가 말뚝이 될 수도 있고, 메모를 꽂아두는 핀보드가 말뚝이 될 수도 있다. 나중에 옷걸이나 선반을 추가할 수도 있다. 중요한 것은 위치와 말뚝을 모두 선명하게 시각화하여 상상할 수 있어야 한다는 점이다.

방 안의 말뚝을 사용하는 가장 큰 이점은 — 방과 말뚝이 실제를 바탕으로 한다면 특히 더 — 임의의 말뚝 목록을 기억하는 경우보다는 잠재 말뚝과 방들을 기억하는 데 거의 노력이 필요하지 않다는 사실이다. 또한 길에 익숙해질수록 궁전으로 뛰어들어 이미 배치해 놓은 기억에 계속해서 항목을 추가할 수 있다.

각 방의 말뚝 순서를 어떻게든 기억해야 한다는 것을 명심한다. 예를 들어 방 안을 시계 방향 순으로 돌아 나오면서 차례대로 목록을 기억한다. 혹은 실제를 반영한 특정한 길로 방 안을 걸어 다닌다.

현재 자신의 궁전이 모든 말뚝이 제자리를 찾은 완전한 모습일 필요는 없다. 그러나 방 네 개를 고르고 각 방에 위치시킬 말뚝으로 삼을 만한 것을 정해 보자.

▶ 방 : _____

말뚝으로 사용할 만한 것 : _____

_____

_____

▶ 방 : _____

말뚝으로 사용할 만한 것 : _____

_____

_____

▶ 방 : _____

말뚝으로 사용할 만한 것 : _____

_____

_____

▶ 방 : _____

말뚝으로 사용할 만한 것 : _____

_____

_____

말뚝이 있는 기억 궁전을 이용하여(혹은 옆 페이지에 적은 방법으로) 아래 15가지 물건을 궁전 안에 놓아두는 실험을 해보자.

- ▶ 전자레인지

- ▶ 접시

- ▶ 책상

- ▶ 펜

- ▶ 퍼즐 책

- ▶ 두뇌 모형

- ▶ 저울

- ▶ 양말

- ▶ 축구

- ▶ 지구본

- ▶ 인터넷 공유기

- ▶ 셔츠

- ▶ 포스터

- ▶ 곰 인형

- ▶ 레이저 프린터

쇼핑 리스트 외우기

+ 일상 업무에 기억법을 사용할 수 있다.
+ 쇼핑할 때 기억력을 사용한다.
+ 기억 궁전에 해야 할 일을 저장할 수 있다.

뭐라고?

다음번 채소가게에 갈 때 사야 할 물건을 외우기 위해 기억 궁전을 이용해 보자. 사야 할 물건을 적은 메모를 가져갈 수도 있지만 일상생활에서 자꾸 기억력을 활용하려고 의식적으로 노력하는 것이 중요하다. 지금까지 기억력을 사용하는 데 익숙하지 않았다면, 기억력을 사용하려고 노력하는 것만으로도 기억력 향상에 도움이 된다.

왜?

무언가를 잊어버려 문제가 일어나지 않도록 기억법을 최대한 연습하는 것이 좋다. 연습할수록 익숙해진다. 훈련을 통해 근육을 키울 수 있듯 기억력도 마찬가지다. 기억 궁전에 기억할 것을 저장하는 경험은 빠르게 어떤 목록을 저장할 필요가 있을 때 유용하다.

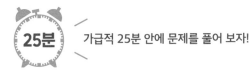 가급적 25분 안에 문제를 풀어 보자!

 **연습**

아래 여러 가지 과일을 기억해 보자. 기억 궁전과 말뚝 기법을, 함께 또는 따로, 자유롭게 사용한다. 자신이 원하는 다른 기법을 사용해도 된다. 시각화할 수 없는 과일은 과일을 나타내는 단어를 뭔가 다른 방법, 즉 단어의 철자나 소리로 연결한다.

▶ 복숭아 ▶ 배

▶ 금귤 ▶ 자몽

▶ 살구 ▶ 귤

▶ 수박 ▶ 오렌지

▶ 사과 ▶ 감

 연습

31일: 도전 과제 2

과일의 수량은 어떻게 기억할 수 있을까? 적은 양이라면 여러 개를 하나의 이미지로 시각화하거나 한 과일을 여러 번 저장할 수도 있다. 많은 양이라면 숫자를 시각화하는 상상으로 기억하는 방법을 사용할 수 있다. 이 방법은 34일 차 내용에서 더 자세히 다룰 것이다. 지금은 아래 쇼핑 목록을 기억해 보자.

▶ 사과 5개 ▶ 파파야 4개

▶ 파인애플 2개 ▶ 딸기 10개

▶ 바나나 3개 ▶ 망고 3개

버거를 만들 때 필요한 재료를 암기해 보자.

▶ 아보카도	▶ 부추
▶ 상추	▶ 고추
▶ 베이컨	▶ 돼지고기
▶ 마요네즈	▶ 달걀
▶ 소고기	▶ 조미료
▶ 민트	▶ 오이
▶ 비트 뿌리	▶ 소금
▶ 버섯	▶ 할라피뇨
▶ 롤빵	▶ 피망
▶ 겨자	▶ 케첩
▶ 치즈	▶ 두부
▶ 양파	▶ 양고기
▶ 닭고기	▶ 토마토

일단 26가지 재료를 암기했다면 빠짐없이 적을 수 있는지 확인해 보자.

버거 재료를 이미지로 표현해 놓았는데 그림을 보고 쇼핑 목록을 암기해 보자.

DAY 32 텍스트 암기하기

+ 때때로 단어 하나하나를 자세히 문장으로 암기해야 할 때가 있다.
+ 구조화된 계획과 반복이 핵심 기법이다.
+ 단서를 암기하는 것을 목표로, 문장을 서로 연결한다.

뭐라고?

때때로 미리 준비한 원고를 정확하게 전달해서 소개말이나 연설을 해야 할 때가 있다. 이를 위해서는 지금까지 배운 기법을 섞어 사용해야 한다.

왜?

물론 반복해서 외울 수도 있지만 구조화된 방법을 사용하면 훨씬 더 쉽고 실수 없이 암기할 수 있다. 이는 결국 자신감을 키워 큰 부담을 느끼지 않고 일을 처리할 수 있게 해준다.

 25분 가급적 25분 안에 문제를 풀어 보자!

문장 기억하기

전체 글을 이루는 주요 부분으로 나누는 것으로 시작한다. 길이에 따라 이는 문장일 수도 있고 또는 문장을 이루는 구가 될 수도 있다. - 아니면 긴 연설문의 별개 주제가 될 수도 있다. 이제 각 부분을 독립적으로 살펴볼 수 있다. 외우기 힘든 부분에 노력을 집중할 수 있다.

반복이 핵심이라는 것을 기억한다. 그래서 리허설 계획에 따라 각 부분을 계속 반복하는데 거부감이 없어야 한다. - 한 시간, 몇 시간, 다음날 등등 후에 반복한다. 어려움을 겪는 부분을 찾아내고 그 부분만을 추가적으로 반복한다.

부분에서 부분으로, 또는 문장에서 문장으로 옮겨 갈 때 어려움을 느낀다면 각 부분을 다음으로 연결시키는 기법을 사용할 수 있다. 다음 시작 부분을 떠올릴 수 있게 도와주는 시각적 촉매를 찾는다. 예를 들어, "영국에서 제일 큰 마을에서는…"이라고 시작하는 문장은 실제로 커다란 마을을 떠올려서 시각화할 수 있다. 그런 다음 앞 문장의 끝부분과 이를 시각적으로 연결한다. 그러면 훨씬 기억하기가 쉬워진다.

다른 방법으로, 기억 궁전을 사용하여 각 문장의 시작을 알 수 있다. 하지만 기억해야 할 내용이 많다면, 모든 문장을 기억해내는 동안 궁전을 통과하는 길을 계속 따라갈 수 있어야 할 것이다. 단서를 찾을 때마다 궁전의 입구에서부터 다시 계단을 올라가기를 원하지는 않을 것이기 때문이다. 그렇지 않으면 이 기법은 내용의 크기에 따라 단서의 양이 많아지면서 점점 더 불안정해질 것이다. 만약 문장을 따라가면서 현재 궁궐 안에 있는 위치를 기억할 수 있다면, 궁전에 있는 방들과 말뚝의 수만큼 많은 단서를 기억할 수 있다.

윤동주의 시 〈별 헤는 밤〉의 첫 번째 연을 암기해 보자. 시의 자연스러운 운율이 도움을 줄 것이다.

별 헤는 밤

계절이 지나가는 하늘에는
가을로 가득 차 있습니다.

나는 아무 걱정도 없이
가을 속의 별들을 다 헬 듯합니다.

가슴속에 하나둘 새겨지는 별을
이제 다 못 헤는 것은
쉬이 아침이 오는 까닭이요
내일 밤이 남은 까닭이요
아직 나의 청춘이 다 하지 않은 까닭입니다.

별 하나에 추억과
별 하나에 사랑과
별 하나에 쓸쓸함과
별 하나에 동경과
별 하나에 시와
별 하나에 어머니, 어머니,

(…)

아서 코난 도일의《셜록 홈스의 모험》도입 부분을 암기해 보자.

"셜록 홈스에게 그녀는 항상 '그 여자'였다. 홈스가 그녀를 다른 이름으로 부르는 일은 거의 없었다. 그의 눈에는 그녀가 여성을 대표하는 최고의 여자였다. 그렇다고 홈스가 아이린 애들러에게 사랑 같은 감정을 느꼈다는 이야기는 아니다. 냉철한 두뇌를 가진 홈스에게 모든 감정, 특히 사랑이란 감정은 혐오스러운 것이었다. 내가 아는 홈스는 세상에서 가장 완벽한 추리와 관찰력이 뛰어난 탐정이지만, 연인으로서는 가장 어울리지 않는 사람이기도 했다.

비꼬려는 의도에서라면 모를까, 그는 한 번도 특별히 좋아하는 감정을 표현한 적이 없었다. 그런 성격은 관찰을 직업으로 삼는 사람의 최고 조건이었다. 왜냐하면 감정에 치우치지 않음으로써 그 사람의 동기와 행동 속에 감춰진 진실을 밝혀낼 수 있기 때문이다. 하지만 아무리 이성적인 사람이라도 한 번 감정에 영향을 받으면 마음이 흐트러져서 추리한 결론을 믿을 수 없다. 특히 홈스 같은 기질의 사람에게 강렬한 감정이란 섬세한 악기 속에 들어간 모래알이나 고배율 렌즈에 금이 간 것 이상으로 큰 문제를 일으킬 것이다. 그런 그에게도 오로지 한 여자가 있었는데, 그녀가 바로 여전히 완전히 풀리지 않은 사건의 주인공인 아이린 애들러이다."

기억법
연습하기

+ 새로운 기억법을 배우기 위해서는 연습이 필요하다.
+ 시간을 두 배 들인다고 그만큼 빨리 배울 수 있는 것은 아니다.
+ 기억을 굳히는 데는 수면이 중요하다.

뭐라고?

새로운 기억법을 배울 때, 절차 기억은(4일 차에서 배운 대로) 의식적으로 기억
들을 다시 떠올리려고 애쓰지 않아도 어떻게 사용하는지를 안다. 이렇게 되기
위해서는 자신의 뇌에 경험으로부터 배울 기회를 줘야 한다.

왜?

우리 뇌는 잠을 자는 동안 낮에 배웠던 것을 처리한다. 오랫동안 연습하면서
더 많이 배울 수도 있지만 효율은 떨어진다. 휴식이 필요하다. 뇌는 수면을 통
해 배운 것들을 처리할 시간을 갖는다. 더불어 새로 들어온 정보를 정리하면서
관련 능력을 키운다. 쉬는 동안 뇌는 근육을 사용하는 생각만으로도 실제 근육
을 훈련한 효과를 보여 준다.

 20분 가급적 20분 안에 문제를 풀어 보자!

저글링을 시도해 본 적이 있는가? 4일 차 절차 기억에서 제안한 과제 중 하나였다. 저글링은 보기보다 그렇게 어렵지 않다.

손에서 손으로 던지기에 적합하고 실용적이면서 크기가 같은 물건 세 개를 찾는다. 유리컵이나 날계란은 좋은 선택이 아니다. 귤이나 테니스공 같은 물건을 저글링 공으로 사용한다.

첫 번째 날 공 하나를 공중으로 던져 같은 손으로 받는 연습을 한다. 발을 움직이지 않고 똑바로 던져 올려 받을 수 있을 때까지 반복해서 연습한다. 그리고 다른 손으로 같은 연습을 반복한다.

두 번째 날 첫째 날 연습한 동작을 확인한다. 자신이 붙으면 다음 단계로 넘어간다. 만약 잘 되지 않는다면 다시 반복한다. 준비가 됐다면 공을 다른 손 쪽으로 원을 그리며 던져 올려 받는다. 발을 움직일 필요 없이 편안하게 할 수 있을 때까지 반복한다. 그리고 다시 다른 손으로 반복한다.

첫째 날과 둘째 날의 동작을 비교적 편안하게 할 수 있을 때까지 계속 반복한다. 그리고 두 번째 공을 추가한다. 주로 사용하는 손에서 다른 손으로 던진다. 그리고 조금 후에 - 첫 번째 공이 공중에 있을 때 - 다른 손에서 주된 손으로 던진다. 그리고 모두 잡는다. 이를 능숙하게 할 때까지 반복한다. 그리고 이를 연속해서 할 수 있을 때까지 반복한다. 이제 공 두 개로 저글링을 하고 있다.

이제 다음 단계로 세 번째 공을 추가한다. 공 두 개를 주된 손에 쥐고 하나는 다른 손에 쥔다. 그리고 주된 손으로 다른 손에 던진 후 연속해서 두 번째 공도 던진다. 그리고 계속한다. 계속 연습한다!

상대가 특정 카드만을 뽑게 할 수 있는가? 마술사들이 종종 사용하는데, 다른 사람에게 임의의 카드나 자유로운 카드를 뽑는다는 환상을 심어 주면서 실제로는 항상 특정 카드만 뽑게 하는 기술이 있다. 이를 위한 수백 가지 방법이 있지만 조금 연습하고도 배울 수 있는 간단한 방법이 있다.

카드 한 벌을 앞에 놓는다. 카드 마술을 하기 전에 상대가 뽑았으면 하는 카드를 맨 아래에 놓는다.

마술을 보여 줄 준비가 됐다면 카드를 집어 들고 평소처럼 자연스럽게 카드를 섞는다. 주위 사람들에게 카드 아랫면이 보이지 않게 조심한다. 정상적으로 카드를 섞을 때와 다른 한 가지는 항상 가장 아래쪽 카드를 처음 시작했던 자리, 즉 가장 아래로 다시 돌려놓는 것이다. 이런 식으로 가장 아래쪽 카드는 바뀌지 않는다.

'카드 섞기'가 끝날 때쯤 특별한 마지막 섞기를 보여 준다. 카드를 쥐고 있는 손의 손가락과 엄지손가락 사이에 카드 전체를 단단히 끼우고, 손으로 카드의 가운데를 당긴다. 이렇게 하면 제일 위와 아래 카드가 함께 '미끄러지며' 두 장의 카드, 즉 가장 위 카드와 상대에게 뽑게 만들고 싶은 맨 밑의 카드만 한 손에 남게 된다. 재빨리 나머지 카드들을 이 두 장의 카드 아래 공간으로 섞어 넣는다. 손에 남은 두 장의 카드 위에는 어떤 카드도 올려놓지 않는다. 이제 문제의 카드는 맨 위에서 두 번째 순서에 놓여 있다. 만약 맨 위로 올리고 싶다면 방금 특별한 섞기를 반복하면 된다(그럼 이제 다른 손 맨 위쪽에 놓는다).

동전을 한 손에서 다른 손으로 옮기는 마술을 해보자. 이 또한 연습을 많이 하지 않아도 배울 수 있다.

일단 동전 두 개가 필요한데, 무거울수록 좋다. 그리고 가치가 같다면 더 좋다.

동전 하나를 주된 손의 엄지 뿌리 부근 손바닥에 올려놓는다. 그리고 엄지손가락을 구부려 잡는다. 그런 다음 다른 동전을 주된 손으로 집어 엄지 반대쪽 손바닥에 놓는다(약지 아래쪽).

이제 동전들을 이 위치에 놓고 각 손등을 테이블에 닿게 올리고 손바닥을 편다. 이제 손바닥 위에 두 개의 동전이 보인다. 의도적이 아니라 우연히 동전이 그 자리에 놓인 것처럼 보여야 한다.

손 두 개 정도의 간격을 벌려 테이블 위에 손바닥을 펼쳐 올린다. 이제 손바닥을 재빨리 뒤집어 양손의 엄지손가락이 정확히 만날 수 있게 한다.

이를 시각적으로 보여 준다면, 테이블 위에 책 한 권이 놓여 있다고 상상한다. 그리고 양쪽 표지 날개가 바깥쪽으로 펼쳐져 있다. 이 날개가 테이블 위에 놓인 손을 나타낸다. 그리고 책 날개를 안쪽으로 접어 중앙에서 서로 만나게 한다. 바로 이것이 자신이 해야 할 행동이다.

그리고 그게 다다. 엄지손가락 아래 놓였던 동전이 손바닥을 바르게 뒤집으면서 반대쪽 손바닥 아래로 날아가 감춰져야 한다. 그렇게 되지 않았다면 될 때까지 반복해서 연습한다.

DAY 34 시각적 이미지로 숫자 기억하기

+ 여러 자리 숫자를 작은 단위로 묶는다.
+ 유용한 숫자를 나타내는 시각적 표지를 미리 익힌다.
+ 10단까지 구구단을 익힌다.

뭐라고?

수량이나 숫자를 기억하는 것은 그리 쉽지 않다. 긴 숫자의 경우 작은 단위로 나누어서 묶는다. 그다음 작은 단위는 미리 익힌 시각적 이미지를 사용하여 기억할 수 있다.

왜?

숫자는 강력한 시각적 이미지를 가지고 있지 않다. 그러나 각각의 숫자를 나타내는 자신만의 시각적 이미지를 만들어 낼 수는 있다. 그리고 기억 궁전이나 다른 기법을 사용해서 더 쉽게 숫자를 말뚝에 연결할 수 있다.

 15분 가급적 15분 안에 문제를 풀어 보자!

숫자와 연관된 이미지 만들기

우리는 이미 여러 자리 숫자를 나누어 묶어 더 기억하기 쉽게 만드는 법을 살펴봤다. 이렇게 나누어 묶는 방법은 숫자를 나타내는 단어를 기반으로 한다. 예를 들어 '50'은 '5, 0'보다 더 기억하기가 쉽다. 또는 자신에게 어떤 의미가 있는 숫자를 기본으로 할 수도 있다. 2,513이라면 25와 13으로 나누어 '불행한 크리스마스'로 기억한다 — 산타클로스가 사다리 밑으로 걸어오는 이미지를 상상한다. 의미 없는 숫자 '2,513'보다는 그 이미지가 훨씬 기억하기 쉽다.

어떤 숫자들은 즉각적으로 의미를 부여할 수 있다. 예를 들어 생일에 해당하는 날짜는 쉽게 '생일'로 시각화할 수 있다. 이미지로 다른 이미지를 설명하는, 즉 형용사로 사용할 수도 있다. 만약 자신의 생일이 15일이고 15장의 복권을 사야 한다면 이를 기억하기 위해 '생일 복권'이라고 상상하면 도움이 된다.

숫자가 낮을수록 관련된 이미지를 만들어 내기가 수월하다. 융통성을 발휘해 같은 숫자에 여러 다른 형태의 이미지를 만들어 놓을 수도 있다. 어떤 자릿수의 숫자든 이를 표현하기 위해서는 '0'에서 '9'까지의 숫자만 있으면 된다. 무엇을 기억하고 싶은지에 달려 있겠지만 적어도 31까지의 숫자에 대한 이미지가 있다면 모든 가능한 날짜까지 나타낼 수 있다.

각 숫자에 대한 강한 이미지 만들기는 한 번에 끝낼 수 있는 일이 아니다. 시간을 들여 반복해서 만들어 가야 한다. 떠오르는 이미지들을 시험해 보고 얼마나 '형용사' 역할을 잘하는지, 기억에 잘 남는지를 살펴봐야 한다.

시험해 보고 싶은 기법을 사용하여 아래 숫자를 기억해 보자. 일단 하나씩 기억해 볼 수 있지만 그다음에는 전체를 한꺼번에 기억해 본다. 모두 다시 떠올릴 수 있는가?

$$12,579$$

$$97,538,642$$

$$184,000,002$$

$$313,454,636$$

$$287,582,829$$

 연습　　　　　　　　　　**34일: 도전 과제 2**

0부터 9까지의 숫자를 위해 어떤 이미지를 사용할지 생각해 보자. 아래 숫자들이 어떤 이미지를 즉시 떠올리게 하면 이를 출발점으로 삼을 수 있다. 이상적인 이미지는 다른 이미지를 설명하는 수식어 역할에 적합하다. 그러면 해당 숫자와 관련된 항목을 한꺼번에 하나의 말뚝에 연결할 수 있다.

▶ 0: ＿＿＿＿＿＿＿＿＿＿＿＿＿＿＿＿＿＿＿＿＿＿＿＿＿＿

▶ 1: ＿＿＿＿＿＿＿＿＿＿＿＿＿＿＿＿＿＿＿＿＿＿＿＿＿＿

▶ 2: ＿＿＿＿＿＿＿＿＿＿＿＿＿＿＿＿＿＿＿＿＿＿＿＿＿＿

▶ 3: ＿＿＿＿＿＿＿＿＿＿＿＿＿＿＿＿＿＿＿＿＿＿＿＿＿＿

▶ 4: ＿＿＿＿＿＿＿＿＿＿＿＿＿＿＿＿＿＿＿＿＿＿＿＿＿＿

▶ 5: ＿＿＿＿＿＿＿＿＿＿＿＿＿＿＿＿＿＿＿＿＿＿＿＿＿＿

▶ 6: ＿＿＿＿＿＿＿＿＿＿＿＿＿＿＿＿＿＿＿＿＿＿＿＿＿＿

▶ 7: ＿＿＿＿＿＿＿＿＿＿＿＿＿＿＿＿＿＿＿＿＿＿＿＿＿＿

▶ 8: ＿＿＿＿＿＿＿＿＿＿＿＿＿＿＿＿＿＿＿＿＿＿＿＿＿＿

▶ 9: ＿＿＿＿＿＿＿＿＿＿＿＿＿＿＿＿＿＿＿＿＿＿＿＿＿＿

DAY 35 알파벳 기억법

+ 철자를 구분할 수 있는 기억법을 사용한다.
+ 문제를 일으키는 철자에만 집중한다.
+ 단어를 찾기 위해 '허를 굴리는' 효과를 사용한다.

뭐라고?

a와 e 중 무엇이 들어가야 하는지 헷갈리는 단어가 있다. 예를 들어 stationary 는 '움직이지 않는다'는 뜻이고, stationery는 펜이나 종이 같은 문구류를 말한다. dependant는 '딸린 식구'를 뜻하고, dependent는 '의지한다'는 뜻이다. 이외에도 accommodate나 embarrass, convalesce 같은 단어들은 때때로 정확한 철자를 기억하기 어렵다. 이런 문제를 해결하기 위해 알파벳 기억법을 사용할 수 있다.

왜?

매우 비슷한 단어나 특이한 철자 때문에 혼동하기 쉬워 실수를 저지른다. 이때 헷갈리는 단어의 의미나 철자를 기억할 수 있게 도와주는 간단한 도구를 만들어 두면 편하다. 문제를 일으키는 단어의 특정 부분에만 집중하면 된다.

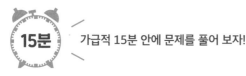 가급적 15분 안에 문제를 풀어 보자!

언어 도구 만들기

'DEPENDANT'와 'DEPENDENT'를 잘 구분하지 못한다고 하자. 앞 단어는 명사이고 뒤 단어는 형용사이다. 간단하지만 효과적인 기억법은 'A' 뒤에는 명사가 뒤따른다는 것이다. 그래서 YOU TALK TO A DEPENDANT,(딸린 식구에게 말할 수 있고) CAN BE DEPENDENT ON SOMETHING.(무언가에 의지할 수 있다.)

다른 단어들에도 적용하여 그 의미와 쓰인 형식 간의 간단한 연결 고리를 찾아 기억한다. 개인적으로 어디서 혼란이 일어나는지 자신만이 알고 있고 문제를 일으키는 단어의 특정 부분을 표적으로 삼을 수 있다.

예를 들어 'EMBARRASS'의 철자를 기억하기 위해 단어의 끝부분에 모든 철자가 두 개씩이라는 점에 주목할 수 있다. 두 개의 'A', 두 개의 'R', 두 개의 'S'가 있다. 일단 그 점을 기억하면 철자를 만들어 낼 수 있다. 이를 시각적으로 단어와 연결시키기 위해 당황했을(EMBARRASS) 때 양쪽(즉, 두 개의) 뺨이 어떻게 달아오르는지를 생각할 수 있다.

첫 글자에서 힌트를 얻다

단어의 첫 글자를 확실하게 떠올렸는데 나머지 부분이 잘 떠오르지 않을 때가 있었는가? 이는 기억이 어떻게 작동하는지에 대한 단서를 알려 준다. 우리는 첫 글자를 통해 기억을 떠올리기 때문이다. 마치 사전에서 단어를 찾을 때 첫 글자를 이용하는 것과 같다.

단어가 잘 생각나지 않을 때 이걸 역이용할 수 있다. 알파벳을 처음부터 소리 내어 읽어 보고 각 알파벳으로 시작하는 어떤 단어가 떠오르는지 살펴본다. 정확한 글자에 도달하면 이를 떠올릴 수 있는 확률이 높아진다.

철자는 비슷한데 매우 다른 뜻을 가지고 있는 단어들이다. 물론 아래 단어들의 차이를 모두 알고 있을 수도 있지만 그렇지 않다면 각각 무슨 뜻인지 암기해 보자.

▶ Stationary / Stationery
'a' 형태는 '움직이지 않는'이라는 뜻이고 'e' 형태는 '문구류'라는 뜻이다.

▶ Principal / Principle
'pal' 형태는 교장, 'ple' 형태는 원칙이라는 뜻이다.

▶ Affect / Effect
'a' 형태는 동사로 변화를 일으킨다는 뜻이고 'e' 형태는 명사로 변화의 결과를 뜻한다.

▶ Complement / Compliment
'e' 형태는 보완하다, 'i' 형태는 칭찬하다는 뜻이다.

▶ Discreet / Discrete
'eet' 형태는 '신중한', 'ete' 형태는 '분리된, 별개의'라는 뜻이다.

▶ Ensure / Insure
'e' 형태는 보장하다, 'I' 형태는 보증하다, 보험을 들다라는 뜻이다.

▶ Lose / Loose
'Lo' 형태는 '잃어버리다', 'Loo' 형태는 '느슨하다'는 뜻이다.

다소 특이한 단어들을 모았다. 뜻을 알고 있지 않다면 그 뜻을 배워 보자.

▶ Sesquipedalianism
긴 낱말을 즐겨 쓰기

▶ Obfuscation
혼동, 난독화

▶ Defenestration
창밖으로 내던지기

▶ Bizarrerie
극도로 이상한 일

▶ Antediluvian
아주 구식인

▶ Sternutation
재채기

▶ Tellurian
지구의, 지구인

▶ Erubescent
얼굴을 붉히는, 붉어지는

▶ Umbriferous
그늘 짓는

▶ Mellifluous
달콤한, 감미로운

많은 것을
기억하는 방법

+ 어떻게 전체 카드 순서를 기억하는지 놀란 적이 있는가?
+ 아니면 많은 이름을 어떻게 기억하는지 놀란 적이 있는가?
+ 기억의 묘기는 능숙하게 여러 기법을 사용하는 데 달려 있다.

뭐라고?

카드 한 벌의 순서나 청중의 이름을 모두 기억하는 것은 일상적으로 쓸모없는 일이다. 심지어 파이의 소수점 자리를 백 단위(아니면 천 단위!)까지 암기하는 일은 더 그렇다. 하지만 외우려고 한다면 기억법을 사용하지 않는 한 어려움을 겪을 것이다.

왜?

긴 목록을 더 쉬운 형태로 바꾸지 않는 한 암기하기 어렵다. 기억법을 사용하기 위해서는 모든 대상을 기억 궁전에 저장할 수 있는 단일 목록으로 안정적으로 변환할 수 있어야 한다. 혹은 연결 고리로 한 목록에서 다음 목록을 떠올릴 수 있어야 한다.

30분 가급적 30분 안에 문제를 풀어 보자!

숫자-모양 기억법

기억하려는 대상이 무엇이든 상관없이 모든 가능한 물체로 시각화를 해야 한다. 카드 게임을 하는 경우, 각 카드에 유명 인사를 연결할 수 있다. 예를 들어 클로버엔 운동선수, 다이아몬드엔 부자, 하트엔 영화배우, 스페이드엔 정치인 또는 최적의 사람들을 선택할 수 있다면 어떤 그룹이라도 괜찮다. 그런 다음 각 개별 카드에 특정 인사를 할당한다. 아니면 사람들을 할당하는 시스템을 생각할 수 있다. 성이 A나 B로 시작하면 에이스, C나 D로 시작한다면 2 같은 방식도 훌륭하다. 이렇게 여러 방법들이 있다. 물론 각 카드에 유명 인사가 아니라 다른 대상을 연결해서 시스템을 만들어도 된다.

만약 긴 숫자를 암기해야 한다면 각 숫자 단위에 연결된 이미지를 가지면 도움이 된다. 예를 들어, '00'부터 '99'까지 100개의 이미지를 가지고 있다면 나열될 숫자의 절반만 기억하면 된다. 순서를 기억할 때, 실제로는 숫자의 순서에 해당하는 이미지의 목록을 기억한다.

기억해야 할 대상을 단순화할 수 있는 '형용사'를 개발할 수도 있다. '00'부터 '99'까지의 개별적인 이미지 대신 '0?'에서 '9?'까지의 각 첫 번째 숫자에 해당하는 형용사를 생각하고 '?0'에서 '?9'까지 두 번째 숫자에 해당하는 이미지를 생각할 수 있다. 형용사는 '성스러운', '사악한', '왜곡된', '무지개' 같은 단어들을 사용할 수 있다. 두 번째 숫자를 나타내는 대상과 결합하여, 만약 '다람쥐'라면, 특정한 두 자리 숫자를 '사악한 다람쥐'라고 기억할 수 있다. 아마도 연기 나는 커다란 도토리 총을 든 '미친 빨간 설치류'가 될 수도 있다.

주어진 순서대로 아래 18개의 카드를 기억해 보자.

3♣   2♥   5♠

8♣   4♠   4♦

Q♥   9♦   3♥

7♣   J♠   3♣

6♠   3♥   K♣

Q♠   A♦   10♥

기억력을 보여 주려고 흔히 원주율의 소수점 자리를 외우곤 한다. 진정한 기억력을 테스트하려면 소수점 아래 100자리 숫자까지 외울 수 있는지를 시험해 봐야 한다.

$$\pi = 3.1415926535$$
$$8979323846$$
$$2643383279$$
$$5028841971$$
$$6939937510$$
$$5820974944$$
$$5923078164$$
$$0628620899$$
$$8628034825$$
$$3421170679$$

기억력을
유지하는 법

+ 기억력을 돌보려면 건강한 식단이 필요하다.
+ 또한 몸도 건강해야 한다.
+ 자연스러운 뇌세포 감소는 육체적 건강으로 보완된다.

뭐라고?

기억력을 유지 및 향상시키려면 집중력 이상의 무언가가 필요하다. 할 수 있는 한 신체적으로 건강해야 하고 비타민, 미네랄, 아미노산과 지방산이 포함된 균형 잡힌 식단을 먹어야 한다. 이런 영양소들은 멀티 비타민 건강 보조제로 효과적으로 섭취할 수 있다. 하지만 지방산은 생선이나 특정 식물성 기름을 통해 직접 먹는 것이 가장 좋다.

왜?

핏속에 특정 화학 물질이 없다면 기억을 저장하는 뇌의 능력은 손상된다. 그리고 건강한 신체가 아니라면 뇌로 공급되는 혈류가 줄어들어 필요한 만큼 산소 공급이 이루어지지 않는다. 건강한 신체를 유지하면 뇌의 노화를 지연시킬 수 있다는 증거가 많다.

25분 가급적 25분 안에 문제를 풀어 보자!

몸 건강이 두뇌 건강으로 이어진다

자신을 돌보는 일은 신체 건강이나 외모뿐만 아니라 두뇌를 위해서도 중요하다. 몸이 건강하지 않으면 말 그대로 생각을 빠르게 할 수 없다. 여러 연구 결과에서도 보여 주듯이 노후까지 건강을 유지하는 사람은 그렇지 못한 사람보다 정신적으로 훨씬 더 건강하다.

건강한 몸과 균형 잡힌 식단을 유지하는 것 외에도 여러 요소가 두뇌 활동에 영향을 미친다. 스트레스는 중요한 생물학적 자극을 주기도 하지만 지나치게 긴 시간 동안 받으면 뇌는 작동하는 방식을 변경하기 시작한다. 무언가를 받아들이고 익히는 것이 힘들어진다.

충분히 수면을 취하는 것 역시 중요하다. 잠을 줄이거나 수면의 질이 좋지 못하면 뇌는 낮에 받아들인 단기 기억을 장기 기억으로 옮기는 작업을 수행할 기회를 잃는다.

더불어 일하는 시간을 고려한다. 어떤 사람은 아침에 더 잘 배우고 일도 잘한다. 반면 어떤 사람은 저녁 시간이 더 편하다. 특정 시간대에 무언가를 기억하려 시도해 보고 언제 도움이 되는지 확인한다.

기억을 도와주는 기적의 식품은 슬프게도 아직 증명된 바가 없다. 우리가 할 수 있는 최선은 균형 잡힌 식단으로 먹는 것이다. 권장량 이상의 비타민이나 무기질, 다른 보충제를 먹는 것은 아무런 소용이 없다. 실제로는 일정 기간 이상 과다하게 먹을 경우 문제가 생길 수도 있다.

지난주에 무엇을 먹었는지 기억하는가? 떠올릴 수 있는 것들을 아래에 적어보자.

▶ 1일 전: _____

_____

▶ 2일 전: _____

_____

▶ 3일 전: _____

_____

▶ 4일 전: _____

_____

▶ 5일 전: _____

_____

▶ 6일 전: _____

_____

▶ 7일 전: _____

_____

건강한 식단인가? 그렇지 않다면 먼저 무엇부터 바꿀 것인가?

 **연습**

두뇌 훈련을 위해 아래의 여러 채소 이름을 암기해 보자. 순서가 중요하므로 가나다순으로 나열했다.

▶ 가지
▶ 감자
▶ 겨자
▶ 고구마
▶ 고추
▶ 근대 뿌리
▶ 글로브 아티초크
▶ 꽃상추
▶ 나도냉이
▶ 당근
▶ 렌틸콩
▶ 마늘
▶ 명아주
▶ 무
▶ 밤나무
▶ 방풍나물
▶ 버섯
▶ 봄 양파
▶ 부추
▶ 브로콜리
▶ 브뤼셀 새싹
▶ 상추
▶ 샬롯
▶ 서양 호박
▶ 셀러리
▶ 셀러리 뿌리

▶ 순무
▶ 스웨덴 순무
▶ 스위트콘
▶ 스쿼시
▶ 시금치
▶ 아기 옥수수
▶ 아스파라거스
▶ 양배추
▶ 양파
▶ 예루살렘 아티초크
▶ 오이
▶ 오크라
▶ 와사비
▶ 완두콩
▶ 주키니
▶ 참마
▶ 치커리
▶ 카사바
▶ 캘러브리스
▶ 케일
▶ 콜리플라워
▶ 호박
▶ 호배추
▶ 회향
▶ 후추
▶ 흰무

바뀌는 기억

+ 기억은 시간이 흐르면서 자연스럽게 바뀐다.
+ 복잡한 기억은 실제로 작은 기억들의 집합체다.
+ 기억들의 집합은 혼란에 빠질 수 있다.

뭐라고?

이상하게 들리겠지만 어떤 일을 경험하지 않았음에도 경험했다고 확신하는 것도 가능하다-비록 완전히 틀린 기억인데도 그렇다. 우연히 발생할 수도 있고 또한 거짓 기억을 심기 위해 고의적으로 악용될 수도 있다.

왜?

우리는 믿을 수 없을 정도로 연상 작용에 취약하다. 특히 유도 질문은 어떤 일이 일어났다고 생각하게 두뇌를 혼란시킨다는 점이 증명됐다. 우리는 특별한 이유가 없는 한 본능적으로 다른 사람을 믿는다. 그래서 간단한 질문에도 어떤 사건에 대한 기억이 바뀔 수 있다. 예를 들어 사건을 목격한 사람이 "혹시 이런 것을 보지 않았어요?" 하고 질문 받으면 왠지 본 듯한 기분이 들어 "봤어요" 하고 말해 버린다. 이처럼 목격 증언의 기억은 상당히 애매하다. 기억이란 끊임없이 바뀌는 성질이 있어 유도 질문이 실제 기억 사이로 쉽게 파고든다. 그리하여 마치 사실인 것처럼 떠올리게 된다.

15분   가급적 15분 안에 문제를 풀어 보자!

왜곡이 가능한 기억

간단한 질문을 통해 불가능한 사건이 마치 실제 일어난 것처럼 많은 사람을 믿게 할 수 있다는 점이 연구 결과 밝혀졌다. 의도적으로 속임수를 믿게 하려고 가짜 광고 포스터 등으로 신뢰도를 조금만 높여도 그 효과는 더욱 강해진다.

법정에서도 유사한 일이 벌어진다. 목격 증언을 할 때 증인에게 간단한 유도 심문만 해도 실제 일어나지 않았던 사건을 회상하게 유인한다. 그리고 잘못된 기억은 사라지지 않고 그것을 진실이라고 믿는다.

사라지는 기억

시간이 흐르면서 우리 기억은 희미해지고 쉽게 바뀌기 때문에 다시 떠올린 기억들 일부는 그저 상상의 결과라는 것을 깨닫지 못한다. 뇌는 우리가 눈이나 코를 구분해 가면서 분석하지 않고도 얼굴을 바라보고 있다고 알려주는 것과 마찬가지로, 무의식중에 기억들을 모아 전체적으로 자연스러워 보이는 결과를 만들어 낸다.

어떤 사건을 즉각적으로, 타인과 다르게 인식할 수도 있다고 전제하고 뭔가 하나를 잘못 들었다면 나중에 회상할 때 어디까지 기억이 변형될지 상상해 보자. 기억이 만들어질 수 있다는 것을 아는 것은 다른 사람의 말을 참고할 때 큰 도움이 된다. 그들의 말이 절대적으로 옳지만은 않다는 것을 알기 때문이다. 가족 간의 불화도 들여다보면 인간의 기억이 갖고 있는 불가피한 취약성 이상이 아닐 수도 있다.

 **연습**

38일: 도전 과제 1

앞서 살펴봤던 내용들을 확인해 보는 질문들이다. 아래 질문에 답해 보자.

▶ 19일 차에 살펴봤던 네 곳 기술 회사의 설립일을 기억하는가?

▶ 25일 차에 살펴봤던 쿡 선장의 오스트레일리아 착륙으로 이어진 일을 기억하는가?

▶ 12일 차에 나왔던 포르투갈어에서 기원한 단어들을 기억하는가?

▶ 17일 차에 배웠던 긴 독일 단어들을 기억하는가?

▶ 9일 차 내용에서 찰스 배비지에 대해 어떤 사실들을 기억하는가?

▶ 7일 차에 나왔던 농담을 몇 개나 기억하는가?

▶ 15일 차 내용에서 뇌 구조에 관한 몇 가지 사실을 기억하는가?

▶ 8일과 13일 차에서 언급된 토성의 주요 7개 달 이름을 아직 기억하는가?

 **연습**

38일: 도전 과제 2

16일 차에서 세상에서 가장 긴 강 이름을 암기했다. 몇 개를 기억할 수 있는가?

▶1: _____   ▶6: _____

▶2: _____   ▶7: _____

▶3: _____   ▶8: _____

▶4: _____   ▶9: _____

▶5: _____   ▶10: _____

 연습

38일: 도전 과제 3

32일 차에서 윤동주의 시 〈별 헤는 밤〉을 암기했다. 전체 내용을 기억할 수 있는가? 각 행의 첫 번째 단어들은 아래와 같다.

▶계절이 / 가을로 / 나는 / 가을 / 가슴속에 / 이제 / 쉬이
내일 / 아직 / 별 / 별 / 별 / 별 / 별 / 별

 연습

38일: 도전 과제 4

32일 차에 주어진 아서 코난 도일의 《셜록 홈스의 모험》 전체 도입부를 기억할 수 있는가? 각 문장의 첫 단어는 아래와 같다.

▶셜록 / 홈스가 / 그의 / 그렇다고 / 냉철한 / 내가
비꼬려는 / 그런 / 왜냐하면 / 하지만 / 특히 / 그런

DAY
39

다른 언어
배우기

+ 외국어 배우기는 기억력에 대한 대단한 도전이다.
+ 여러 가지 의미와 발음, 문법을 익혀야 한다.
+ 더 많은 언어를 배울수록 더 익히기가 쉬워진다.

뭐라고?

외국어 배우기는 많은 양의 기억력이 필요하다. 외국어가 자신에게 얼마나 익숙한지에 따라, 영어나 알고 있는 다른 언어와 어원의 유사성 기준으로, 배우기가 얼마나 복잡한지에 영향을 미친다. 기억력을 연습할 방법을 찾는다면 외국어 배우기는 훌륭한 출발이다!

왜?

다른 사람들과 소통하기 위해 우리는 말, 글, 문화적 배경지식이 필요한 듣기와 읽기, 방언, 지역적 차이 등을 복합적으로 알아야 한다. 외국어는 익숙하지 않은 개념들의 총합이다. 그래서 대개 두뇌와 기억력에 대한 엄청난 도전이 된다.

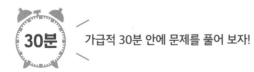

가급적 30분 안에 문제를 풀어 보자!

다음 각 언어에서 1부터 10까지에 해당하는 단어들을 배워 보자.

독일어	중국어	라틴어	프랑스어	일본어
eins(아인스)	一(이)	unus(우누스)	un(e)(엉/윈느)	いち(이치)
zwei(쯔바이)	二(얼)	duo(두오)	deux(뚜)	に(니)
drei(드라이)	三(싼)	tres(뜨레스)	trois(뜨와)	さん(산)
vier(피어)	四(스)	quattor (꽈뚜오르)	quatre(까트흐)	よん(욘)
fuenf(퓐프)	五(우)	quinque(낑꿰)	cinq(쌍~크)	ご(고)
secks(젝스)	六(리우)	sex(섹스)	six(씨스)	ろく(로쿠)
siben(지벤)	七(치)	septem(쎕뗌)	sept(쎕트)	なな/しち (나나/시치)
acht(아흐트)	八(빠)	octo(옥또)	huit(위트)	はち(하치)
neun(노인)	九(지우)	novem(노웸)	neuf(뇌프)	きゅう/く (큐우/쿠)
zehn(첸)	十(슬)	decem(데껨)	dix(디스)	じゅう(주우)

철자와 함께 발음을 공부하는 것은 기억력 연습에 도움이 된다.

 **연습**

각 언어에서 '안녕하세요'를 뜻하는 단어는 여러 가지다. 아래 언어별 몇 가지 표현법이 나와 있다. 한번 외워 보자.

▶ 웨일스: 헬로(helo)

▶ 프랑스어: 봉주르(bonjour)

▶ 독일어: 할로(hallo)

▶ 스페인어: 홀라(hola)

▶ 이탈리아어: 차오(ciao)

▶ 아이슬란드어: 홀로(halló)

▶ 폴란드어: 지엔 도비(dzien dobry)

▶ 힌디어: 나마스테(namaste)

▶ 이란어: 살람(salaam)

▶ 아랍어: 마르하반(Marhaban)

▶ 중국어: 니하오(ni hao)

▶ 하와이어: 알로하(aloha)

▶ 피지어: 부르아(bula)

▶ 베트남어: 신차오(xin chào)

▶ 일본어: 곤니치와(kon'nichiwa)

 연습

새로운 외국어 학습 강의를 온라인이나 특정 앱에서 찾아 첫 번째 강의를 끝까지 들어보자.

가능하다면 다음 날 다시 그 강의를 복습한다. 첫날 들었던 강의 내용을 어느 정도 기억하고 또 얼마나 잊어버렸는가?

 연습

아래 언어들에서 '엄마'와 '아빠'를 배워 보자. 전자가 '엄마', 후자가 '아빠'다.

- ▶ 바스크어: ama / aita
- ▶ 벵갈어: maa / baba
- ▶ 체코어: máma / táta
- ▶ 히브리어: em / abba
- ▶ 힌디어: maa / pita
- ▶ 이탈리어어: mamma / papà
- ▶ 네팔어: ma / ba
- ▶ 타밀어: amma / appa
- ▶ 터키어: ana / baba
- ▶ 웨일스어: mam / tad

내 기억력에
도전하기

+ 날마다 의식적으로 기억력을 사용한다.
+ 연습을 통해 기억력 사용이 갈수록 쉬워진다.
+ 시간이 흐르면서 기억법들이 자동화된다.

뭐라고?

지금까지 기억법과 전략들을 잘 읽어 왔지만 복습하고 연습해야 유용하게 사용할 정도로 익숙해진다. 충분히 반복해서 사용했을 때 본능처럼 자동적으로 기억법을 사용하게 된다. 운전을 배울 때 기어나 가속페달이 작동하는 원리를 걱정하지 않고도 'a'에서 'b' 지점까지 갈 수 있는 것과 마찬가지다.

왜?

뇌는 학습을 좋아한다. 더 의식적으로 기억력을 사용할수록 그 과정이 더 부드러워진다. 기억법을 더 많이 사용할수록 기억이 이루어지는 절차가 더 자동화된다.

 30분 가급적 30분 안에 문제를 풀어 보자!

8일 차에 아프리카에 있는 25개 국가의 이름을 배웠다. 아래에 아프리카의 나머지 29개 국가의 이름이 나와 있다. 모두 암기하여 아프리카 대륙에 관한 지식을 완성해 보자.

▶ 라이베리아　　　　　▶ 세네갈

▶ 리비아　　　　　　　▶ 세이셸

▶ 마다가스카르　　　　▶ 시에라리온

▶ 말라위　　　　　　　▶ 소말리아

▶ 말리　　　　　　　　▶ 남아프리카공화국

▶ 모리타니　　　　　　▶ 남수단

▶ 모리셔스　　　　　　▶ 수단

▶ 모로코　　　　　　　▶ 스와질란드

▶ 모잠비크　　　　　　▶ 탄자니아

▶ 나미비아　　　　　　▶ 토고

▶ 니제르　　　　　　　▶ 튀니지

▶ 나이지리아　　　　　▶ 우간다

▶ 콩고공화국　　　　　▶ 잠비아

▶ 르완다　　　　　　　▶ 짐바브웨

▶ 상투메프린시페

 **연습**

40일: 도전 과제 2

이 페이지의 아래 절반을 가리고 날씨를 나타내는 상징 그림들을 살펴보자. 준비가 되면 다시 페이지의 위쪽 절반을 가리고 책을 돌려 어느 그림이 바뀌었는지를 찾아낸다.

 **연습**

40일: 도전 과제 3

이 책의 각 일자별 제목을 얼마나 잘 기억할 수 있는가? 예를 들어, 오늘은 '내 기억력에 도전하기'다. 얼마나 많이 기억할 수 있겠는가?

책 전체를 다시 살펴보고 얼마나 성공적으로 적을 수 있는지 확인해 보자.

 **연습**

40일: 도전 과제 4

도전 과제 1에서 주어진 29개 국가에 더해서 8일 차의 25개 아프리카 국가를 여전히 떠올릴 수 있는가? 그렇지 않다면 필요한 만큼 시간을 들여 모두 암기한다. 준비가 됐다면 모든 아프리카 나라들을 다시 떠올려 보자. 아래 각 54개 국가 이름의 첫 번째 글자가 힌트로 주어져 있다. 가나다순으로 적혀 있다.

ㄱ ㄱ ㄱ ㄱ ㄱ ㄴ ㄴ ㄴ ㄴ ㄴ

ㄹ ㄹ ㄹ ㄹ ㅇ ㅇ ㅇ ㅇ ㅇ ㅇ

ㅂ ㅂ ㅂ ㅂ ㅅ ㅅ ㅅ ㅅ ㅅ ㅅ

ㅇ ㅇ ㅇ ㅇ ㅇ ㅇ ㅈ ㅈ ㅈ ㅈ

ㅊ ㅋ ㅋ ㅋ ㅋ ㅋ ㅋ ㅋ ㅌ ㅌ ㅌ

추가 연습

+ 40일 이후에도 기억력 연습을 계속한다.
+ 자신만의 도전 과제를 만들거나 아래 과제들로 연습한다.
+ 아래에는 여러 연습문제들이 추가되어 있다.

뭐라고?

기억력을 능숙하게 사용하려면 반드시 연습이 필요하다. 일상에서 가능한 한 의식적으로 기억력을 많이 사용하려 노력한다. 또한 이 책 앞부분에 나온 연습문제나 뒤에 나오는 추가 연습문제와 같이 일부러 시간을 내어 기억력 연습을 하는 것도 좋은 방법이다.

왜?

뭔가를 더 많이 연습할수록 실력이 좋아진다. 의식적으로 기억력을 더 많이 사용하면 나중에 다시 떠올리고 싶은 정보를 본능처럼 자동으로 기억하게 된다.

언제?

원한다면 언제든 다음에 나오는 과제들을 풀어보면 된다. 하지만 지난 40일 동안 이 책을 따라왔다면 다음 몇 주 동안 하루에 하나씩 도전하는 것도 좋은 방법이다. 이후에는 무작위로 책을 펼쳐서 나온 과제에 다시 도전해 본다.

남아메리카의 16개 국가와 독립 영토를 얼마나 기억할 수 있는가?
아래 목록을 기억하기 위해 어떤 기억법을 사용하든 상관없다.

- ▶ 아르헨티나
- ▶ 볼리비아
- ▶ 부베섬(노르웨이)
- ▶ 브라질
- ▶ 칠레
- ▶ 콜롬비아
- ▶ 에콰도르
- ▶ 포클랜드 제도(영국)
- ▶ 기아나(프랑스)
- ▶ 가이아나
- ▶ 파라과이
- ▶ 페루
- ▶ 사우스조지아 사우스샌드위치 제도(영국)
- ▶ 수리남
- ▶ 우루과이
- ▶ 베네수엘라

 **추가 연습**

여기에 나온 얼굴과 이름을 살펴본다. 그리고 각 얼굴과 연결해서 이름을 기억해 보자. 원하는 만큼 시간을 들여서 준비가 됐을 때 이미지를 가리고 다음 페이지로 넘어간다.

준상 현미 민혁

우주 혜나 서진

민혁 서형 정우

도전 과제 2B

옆 페이지의 얼굴과 이름을 가린다. 이제 각 얼굴에 해당하는 정확한 이름을 적을 수 있는가? 좀 더 어렵게 만들기 위해 순서를 바꿨다.

단어 보드게임 '스크래블'을 해본 적이 있는가? 알파벳 철자를 보드 위에 올려 단어를 만들고 그에 따른 포인트를 얻는 게임이다. 가능한 두 글자 단어를 모두 알고 있다면 쓸모가 정말 많다. 자신의 랙에 가지고 있는 단어들로 훨씬 쉽게 게임을 할 수 있게 만들어 주기 때문이다. 현재 영국 스크래블 토너먼트에서 받아들여지는 아래의 완벽한 목록을 모두 암기해 보자.

AA	AB	AD	AE	AG
AH	AI	AL	AM	AN
AR	AS	AT	AW	AX
AY	BA	BE	BI	BO
BY	CH	DA	DE	DI
DO	EA	ED	EE	EF
EH	EL	EM	EN	ER
ES	ET	EX	FA	FE
FY	GI	GO	GU	HA
HE	HI	HM	HO	ID
IF	IN	IO	IS	IT

JA	JO	KA	KI	KO
KY	LA	LI	LO	MA
ME	MI	MM	MO	MU
MY	NA	NE	NO	NU
NY	OB	OD	OE	OF
OH	OI	OM	ON	OO
OP	OR	OS	OU	OW
OX	OY	PA	PE	PI
PO	QI	RE	SH	SI
SO	ST	TA	TE	TI
TO	UG	UH	UM	UN
UP	UR	US	UT	WE
WO	XI	XU	YA	YE
YO	YU	ZA	ZO	

추가 연습

세계의 수도를 얼마나 알고 있는가? 종종 퀴즈 문제로도 활용되고 순전히 세상과 관련된 흥미로운 사실로서 기억의 대상이 되곤 한다. 자치령과 속국 여부를 떠나 모든 세계의 수도 목록이 정리되어 있다. 일부는 논쟁의 여지가 있다.

전체 목록을 암기하는 데 얼마나 걸리는지 확인해 보자. 나라 이름을 말하면 수도를 답할 수 있고 수도를 말하면 나라 이름을 답할 수 있어야 한다. 모두 살펴본 다음 수도를 가리든지 나라를 가리든지 한쪽을 가리고 모든 항목을 떠올릴 수 있는지 확인해 보자.

1. 아시아

나라	수도
한국(남한)	서울
네팔	카트만두
라오스	비엔티안
레바논	베이루트
말레이시아	콸라룸푸르
몰디브	말레
몽골	울란바토르
미얀마	양곤
바레인	마나마
방글라데시	다카
베트남	하노이

나라	수도
부탄	팀부
브루나이	반다르스리브가완
사우디아라비아	리야드
스리랑카	스리자야와르데네푸라
시리아	다마스쿠스
싱가포르	싱가포르
아랍에미리트	아부다비
아프가니스탄	카불
예멘	사나
오만	무스카트
요르단	암만
이라크	바그다드
이란	테헤란
이스라엘	예루살렘
인도	뉴델리
인도네시아	자카르타
일본	도쿄
중국	베이징
카타르	도하
캄보디아	프놈펜
쿠웨이트	쿠웨이트
키프로스	니코시아
타이	방콕

나라	수도
터키	앙카라
파키스탄	이슬라마바드
필리핀	마닐라

2. 유럽

나라	수도
그리스	아테네
네덜란드	암스테르담
노르웨이	오슬로
덴마크	코펜하겐
독일	베를린
루마니아	부쿠레슈티
룩셈부르크	룩셈부르크
리히텐슈타인	파두츠
마케도니아	스코페
모나코	모나코
바티칸	바티칸
벨기에	브뤼셀
보스니아 헤르체코비나	사라예보
불가리아	소피아
산마리노	산마리노
스웨덴	스톡홀름
스위스	베른

나라	수도
슬로바키아	브라티슬라바
슬로베니아	류블랴나
아이슬란드	레이캬비크
아일랜드	더블린
알바니아	티라나
에스파냐	마드리드
영국	런던
오스트리아	빈
세르비아 몬테네그로	베오그라드
이탈리아	로마
체코	프라하
크로아티아	자그레브
포르투갈	리스본
폴란드	바르샤바
프랑스	파리
핀란드	헬싱키
헝가리	부다페스트

3. 러시아와 주변 국가(독립연방국가)

나라	수도
조지아	트빌리시
라트비아	리가

나라	수도
러시아	모스크바
리투아니아	빌뉴스
몰도바	키시네프
벨로루시	민스크
아르메니아	예레반
아제르바이잔	바쿠
에스토니아	탈린
우즈베키스탄	타슈켄트
우크라이나	키예프
카자흐스탄	아스타나
키르기스스탄	비슈케크
타지키스탄	두샨베
투르크메니스탄	아슈하바트

4. 아프리카

나라	수도
가나	아크라
가봉	리브르빌
감비아	반줄
기니	코나크리
기니비사우	비사우
나미비아	빈트후크

나라	수도
나이지리아	아부자
남아프리카공화국	행정수도: 프리토리아, 입법수도: 케이프타운, 사법수도: 블룸폰테인
리제르	니아메
라이베리아	몬로비아
레소토	마세루
르완다	키갈리
리비아	트리폴리
마다가스카르	안타나나리보
말라위	릴롱궤
말리	바마코
모로코	라바트
모리셔스	포트루이스
모리타니	누악쇼트
모잠비크	마푸토
베냉	포르토노보
보츠와나	가보로네
부룬디	부줌부라
부르키나파소	와가두구
상투메프린시페	상투메
세네갈	다카르
세이셸	빅토리아
소말리아	모가디슈

나라	수도
수단	하르툼
스와질란드	음바바네
시에라리온	프리타운
알제리	알제
앙골라	루안다
에티오피아	아디스아바바
우간다	캄팔라
이집트	카이로
잠비아	루사카
적도기니	말라보
중앙아프리카공화국	방기
지부티	지부티
짐바브웨	하라레
차드	은자메나
카메룬	야운데
카보베르데	프라이아
케냐	나이로비
코모로	모로니
코트디부아르	야무수크로
콩고공화국	브라자빌
콩고민주공화국	킨샤사
탄자니아	다르에스살람
토고	로메

나라	수도
튀니지	튀니스

5. 북아메리카

나라	수도
과테말라	과테말라
그레나다	세인트조지스
니카라과	마나과
도미니카	로조
도미니카공화국	산토도밍고
멕시코	멕시코시티
미국	워싱턴
바베이도스	브리지타운
바하마	나소
벨리즈	벨모판
세인트루시아	캐스트리스
아이티	포르토프랭스
엔티가바부다	세인트존스
엘살바도르	산살바도르
온두라스	테구시갈파
자메이카	킹스턴
캐나다	오타와
코스타리카	산호세
쿠바	아바나

나라	수도
트리니다드토바고	포트오브스페인
파나마	파나마

6. 남아메리카

나라	수도
가이아나	조지타운
베네수엘라	카라카스
볼리비아	라파스
브라질	브라질리아
수리남	파라마리보
아르헨티나	부에노스아이레스
에콰도르	키토
우루과이	몬테비데오
칠레	산티아고
콜롬비아	보고타
파라과이	아순시온
페루	리마

7. 오세아니아

나라	수도
나우루	야렌
뉴질랜드	웰링턴

나라	수도
마셜	마주로
미크로네시아	팔리키르
바누아투	포트빌라
서사모아	아피아
솔로몬	호니아라
오스트레일리아	캔버라
통가	누쿠알로파
투발루	푸나푸티
파푸아뉴기니	포트모르즈비
피지	수바

 추가 연습 　　　　　　　　　　　　　　　　　도전 과제 5

위의 도전 과제 4에 연속해서 아틀라스를 이용하거나 온라인에서 찾아 각 국가와 수도의 지리적 위치를 배울 수 있다. 예를 들어 뒤쪽 페이지의 지도에서 남아메리카부터 시작한다. 그리고 페이지를 넘겨 빈칸을 모두 정확하게 채울 수 있는지 확인한다. 만약 남아메리카가 이미 친숙한 곳이라면 세계의 다른 대륙을 골라서 위치를 확인해 보자.

남아메리카의 아래 국가 위치를 암기해 보자.

아래 남아메리카 지도에서 각 국가를 알 수 있겠는가? 그리고 별표로 표시된 각 수도(과제 4에서 배운)를 떠올릴 수 있는가?

도전 과제를 즐긴다면 아래 꽤 어려운 목록이 있다(남아메리카의 문화에 이미 익숙하지 않다면).

아래 아즈텍과 마야, 잉카 신들의 이름을 기억할 수 있는가? 순서는 중요하지 않다.

▶ Amimitl(아미미틀) – 호수와 어부의 신

▶ Atl(아틀) – 물의 신

▶ Camaxtli(카막스틀리) – 운명과 불과 사냥의 신

▶ Chalchiuhtlatonal(찰츄흐틀라토날) – 물의 신

▶ Chalchiuhtecolotl(챨츄흐테콜로틀) – 밤 올빼미의 신

▶ Chalchiutlicue(찰츄흐틀리쿠) – 호수와 시내와 탄생의 여신

▶ Ehecatl(에헤카틀) – 바람의 신

▶ Huehueteotl(훼훼테오틀) – 화덕과 생의 불꽃의 옛 신으로서 북극성과

   북쪽과 연관됨

▶ Itzli(이츨리) – 산 제물과 석도(돌칼)의 신

▶ Ixtlilton(익스틀릴톤) – 회복과 춤과 축제와 유회의 신

▶ Mayahuel(마야후얼) – 용설란과 알코올의 여신

▶ Metztli(메츠틀리)– 벌레의 신

- ▶ Mextli(멕스틀리) – 전쟁과 폭풍의 신

- ▶ Patecatl(파테카틀) – 의약의 신

- ▶ Quetzalcoatl(퀘찰코아틀) – 창조신이자 통치자와 사제와 상인들의 수

  호신

- ▶ Teoyaomqui(테오야옴퀴)– 죽은 전사의 신

- ▶ Tepeyollotl(테페욜로틀) – 산의 심장의 신

- ▶ Tepoztecatl(테포즈테카틀) – 용설란과 토끼의 신

- ▶ Teteoinnan(테테오난) – 신들의 어머니

- ▶ Tloquenahuaque(틀로퀘나후아퀴) – 창조신이자 주재자

- ▶ Ueuecoyotl(우에웨코요틀) – 난교와 방탕의 신

- ▶ Xilonen(실로넨) – 어린 옥수수의 여신

- ▶ Xiuhcoatl(쇼코아틀) – 햇살의 화신

- ▶ Xochipilli(쇼치필리) – 축제와 춤과 그림과 유희와 작문의 청년 신.

- ▶ Xochiquetzal(쇼치퀘트잘) – 여성성과 매춘과 꽃과 기쁨과 예능과 뜨개

  질과 어린 어머니들의 여신

 추가 연습 도전 과제 7

2분 안에 아래 이미지를 최대한 많이 기억한다. 시간이 다 되면 떠올릴 수 있는 모든 이미지를 글로 적어 보자.

 **추가 연습**

아래 그림을 가린 채 위 그림을 몇 분간 잘 살펴본다. 충분히 본 다음 이번에는
위 그림을 가리고 아래 그림을 본다. 위 그림과 차이점 10가지를 찾아내 보자
(해답은 뒷면에).

해답

기억력 도전 과제에서 주어진 대부분 문제들은 암기해야 할 원래 내용을 찾아보면 쉽게 답을 찾을 수 있다. 다만 '차이점 발견하기'의 경우는 예외인데 아래 해답이 나와 있다.

10일: 도전 과제 1

"마침내 목사가 돌아왔다. 그는 프록코트를 벗고, 가볍게 검정색 실내복 **웃옷**을 걸쳤다. 그리고 한스에게 <u>라틴어</u>로 쓰인 누가복음을 건네주었다. <u>그리스어</u>를 공부할 때와는 전혀 다른 방식이었다. 문장을 몇 줄 읽고 나서 단어 하나하나를 꼼꼼히 번역했다. 목사는 익히 알고 있는 예문을 가지고 재미있고 능숙하게 언어의 독특한 **정수**를 설명해 주었다. 그리고 누가복음이 만들어진 내력과 시대적 **상황**을 들려주었다. **두** 시간밖에 되지 않았지만 목사는 소년에게 **공부**와 독서에 대해 새로운 개념을 심어 주었다. 한스는 어렴풋이 알 것 같았다. 모든 **문맥**과 단어 하나하나마다 비밀과 **운명**이 숨어 있다는 것을. 그리고 옛날부터 수많은 학자와 연구가, 명상가들이 그것을 밝혀내려고 애써 왔다는 것을. 한스는 공부를 하면서 마치 자신이 **언어** 탐구의 세계에 입문한 듯한 착각이 들었다."

위아래 그림에서 차이점은 아래와 같다.

신간 소개

《40일 만에 기억력 천재가 된다》가 도움이 되었다면 저자의 관련 시리즈인 《브레인 코치》도 권한다. 이 책에는 정신적 긴장을 극복하고 뇌 기능을 증가시키고 훈련할 수 있게 도와주는 기법과 연습문제가 들어 있다.

특정 문제를 해결할 수 있는 연습과 시험 문제를 포함하여 일상을 통해 '전뇌'를 훈련할 수 있는 일반 퍼즐들이 들어 있다. 어떻게 뇌의 활동을 최적화할 수 있는지를 알려준다. '휴식 시간'이 어떻게 정신력을 강화하는지, 자신의 창의력을 어떻게 표현할지, 명확한 사고를 위해 어휘를 어떻게 늘릴지, 뇌 기능이 떨어질 때 어떻게 대응할지 같은 방법을 알기 쉽게 제시한다.

우리의 뇌는 질서와 패턴을 좋아한다.
뇌는 모든 것을 서로 연결시킴으로써 세상을 이해하기 때문이다.
배우고 싶은 대상에 패턴을 부여하면 뇌는 훨씬 흥미롭게 받아들인다.

무언가를 아는 듯한데 다시 떠올려지지는 않는,
그런 '혀끝에 뱅뱅 맴도는' 감정을 느낀 적이 있는가?
어떤 주제에 대한 지식의 폭을 넓히면 두뇌에 동일한 정보를 검색하는
여러 방법을 제공하기 때문에 이런 경우 도움이 된다.

빵 한 덩어리를 사야 한다는 사실을 잊지 않으려면,
자신이 빵을 먹는 장면을 상상해 본다. 역사적 사실을 배우고 싶다면,
그 사건이 일어나는 장면을 상상해 본다.
무언가를 설명하는 법을 배우고 싶다면,
실제로 커다랗게 소리 내어 설명해 본다.

만약 무언가에 주의를 기울이지 않는다면, 그것을 기억할 수 없다.
인간의 뇌는 자신에게 중요하다고 생각하는 것들을 기억하기 때문에,
만약 어떤 것이 중요하지 않다고 여겨지면 뇌는 곧장 기억에서 지워버린다.

고대 그리스인들은 물건을 기억하고 저장하는 가장 좋은 방법이
순서를 정하는 것임을 알았다. 그들은 잘 아는 장소들,
예를 들어 집의 공간에 물건을 배치하고 순서를 부여했다.
익숙한 공간에 다른 것을 연결해 촉매를 만들면 기억을 떠올리기 쉬워진다.

과거 사건을 생각할 때, 하나의 독립된 기억을 떠올린다고 생각할지 모르지만
대개는 의식 속에 함께 연결된 다른 기억들을 포함한 전체를 떠올린다.
이는 과거의 하루나 사건의 일부분을 정확하게 기억하는 동시에
다른 부분들에 대해서는 어렴풋하게 남아 있다는 것을 의미한다.